3か月で英検®準1級をとる!

相佐優斗

GENTOSHA

JN049859

はじめに

☆英検®の「超・スピード合格！」はなぜ可能なのか

「英検®準1級は3か月で合格できる」

このことばを聞いて、どう思いますか？

いやいや、ありえないでしょ……そう思いますよね。

実際、公表されていた2016年までのデータによると、英検®準1級の合格率は**15%程度**。受験者は2級に合格している人がほとんどですが、なかには**何度受けても準1級の壁を突破できない**人もいます。

それがたった3か月で合格だなんて、よほど英語が得意なお子さんか帰国子女でもない限り無理だと思うかもしれません。

しかし、わたしが塾長を務める「クラウドEnglish」では、この「3か月で合格」は「ありえる」どころか、**「あたりまえ」の光景**になっています。

詳しくは第2章でご紹介しますが、2級から準1級に合格するのに3か月、それよりも低い級だと、たとえば準2級から2級へは1か月半で合格する生徒もいます。もちろん帰国子女ではありません。それどころか、**英語の成績が学年下位の生徒や、定期テストで0点をとった生徒**もいます。

　なぜそんなスピード合格が可能なのでしょうか？

　答えは簡単です。英検®は**やるべきことが明確**だから。つまり、**やるべきことをやりさえすれば合格できるのが英検®**です。具体的には、**2級から準1級合格に必要な勉強時間は300時間**。つまり、**1日3時間の勉強を100日**つづければ合格できます。

　ただ、ほかの勉強や部活などで忙しい中高生にとって、この「3時間100日」の勉強を**自分ひとりでやりとげるのは至難のわざ**です。それを可能にし、3か月という短期間で結果を出すために、英検®取得に特化したオンライン英語塾「クラウドEnglish」がどのようなしくみで、どのような指導をしているのかを紹介するのが本書の目的です。

　また、本書ではそうしたクラウドEnglishの実践を支える理念、塾長を務めるわたし自身のこと――子供時代をアメリカですごしたあと帰国し、挫折を経て早稲田大学に合格、現

役学生としてクラウドEnglishを開校した経緯——等についても触れたいと思います。

☆「英検®」と「面接」だけで憧れの大学に受かる！

そもそも、なぜ英検®にそれほど力を入れる必要があるのでしょうか。高校・大学受験を控えたあなた、またはそんなお子さんをお持ちの方なら、すでにご存じかもしれませんね。

英検®はとにかく「受験に有利」なのです。

どのように有利なのかは本編で詳しく説明しますが、英検®で高い級を取得していれば入試で加点される大学は多く、なかには英語の試験が満点扱いになる大学もあります。

また、毎年のように大学入試における英語の試験方法の変更が話題になり、対策を講じるのがますます難しくなるなかで、「読む・書く・聞く・話す」の4技能がバランスよく鍛えられる英検®は、まさに「備えあれば憂いなし」の態勢で受験に挑める武器になります。

さらに何より、現在は推薦や総合型選抜などで進学する生徒が増えています。こうした入試方式では英検®で高い級を

取得していることが大きなアピールポイントになります。英検®さえとっていれば、難関校合格の突破口を開けることがあるのです。

　実際、いまは一般入試より、推薦型・総合型選抜で大学に入る生徒のほうが多い時代です。推薦型・総合型の場合、英検®さえとっていれば、<u>科目の試験を受けずに面接と小論文だけで早稲田にでもGMARCHにでも行けてしまいます。</u>

　入試科目の得点を上げるために一般的な塾や予備校に通うとしたら、かかる費用は夏期講習や冬期講習も含めて<u>年間100万円程度</u>。それだけコストをかけても、志望校に合格できるかどうかは入試当日のコンディションしだいです。確実性をギリギリまで高めることはできません。

　ところが、英検®を取得して推薦型・総合型で受験すれば、1年かけて受験塾に通う必要はなく、夏期講習や冬期講習も不要。<u>3か月だけ本気で英検®の勉強をして取得してしまえば、コストも時間も大幅に節約できて、ほぼ確実に志望校合格をつかむことができます。</u>

　しかも、一般入試より早期に合格が確定するうえ、<u>偏差値ベースで選ぶよりランクの高い大学に合格できる</u>のです。

　つまり英検®は、やるべきことをやりさえすれば短期間で合格できて、難関大学合格などの大きなリターンが得られるという、**きわめてコストパフォーマンスの高い闘い**なのです。

　さて、こう書くと、英検®は受験のためだけのもののように聞こえるかもしれませんが、実はそうではありません。

　情報のキャッチアップが早い保護者のなかには、お子さん**が小学校低学年のうちから英検®を受けさせている**方々も珍しくありません。英会話教室や英語塾に通わせるよりも、英検®を取得することのほうが明確なメリットがあることに気づいておられるのでしょう。この点についても、本編で詳しく説明することにします。

　大事なことは、お子さんにとって受験はきわめて大きな関門であること、英検®はその受験で強力な武器になること、そして、**受験も英検®も、人生のゴールではない**ということです。

　英検®や受験は通過地点にすぎません。だからこそ、クラウドEnglishは短期間での英検®合格にこだわっているのです。英検®なんか（とあえて書きます）は短期間で合格して早くその先へ進み、自分の夢や目標にどんどん近づいていってほしいのです。

3時間100日の勉強は、もちろん簡単なことではありません。**しかし、1日勉強すれば1日分の実力と自信がつきます。** 100日分の実力と自信を持って英検®に挑み、合格することによって、英検®以外のことにも自信を持って積極的にチャレンジしていけるようになります。

　本書では、できる限り実用的なデータを交えながら受験と英検®をとりまく環境についても説明していきます。

　これからの時代を生きる若い世代が英検®を通して自信と可能性を大きく高め、自分の力で未来を切り拓いていくために、本書が多少なりともお役に立てれば幸いです。

2023年3月

クラウドEnglish塾長　相佐優斗

はじめに

第1章
「英検®」は
最も「コスパ」のいい闘いだ！

第2章
英検®に「超・スピード合格」した生徒たち6名

第3章
クラウドEnglishの「生徒を勝たせる」コーチング

第4章
クラウドEnglishの英検®「超・スピード合格」戦略
〜3か月で合格するための裏技7か条〜

第5章
なぜクラウドEnglishには
優秀な講師が集まるのか

第6章
クラウドEnglishが
めざす未来

編集協力：岡本麻左子

DTP・図版：美創

カバーデザイン：小松学（ZUGA）

第1章

「英検®」は最も「コスパ」のいい闘いだ！

第1章のポイント

1.入試での「英語」比率は高まり続けている。

▶ 東京都の都立高校では2023年度入学者選抜から
スピーキングテストを実施。

2.偏差値で学校を選ぶ時代は終わった。

▶ 2021年度、推薦型・総合選抜型での入学者が半
数を超えた。

3.英検®はコストパフォーマンスが高い。

▶ 塾・予備校に1年間通うのと比べ、コストは約半
分、時間は約4分の1。

4.TOEIC®などよりも「英検®」が有利。

▶ 上智、早稲田、立教も英検®があれば他科目が
免除or合格ラインの点数が下がる。

5.英検®は「合格」「不合格」がはっきり示されるところが◎。

▶ 4技能のどこを強化すればよいかハッキリわかる。

6.英検®準1級合格には「300時間」が必要。

▶ 「1日3時間を約3か月」で合格できる。

現代の受験生をとりまく環境

　長年、「日本人は英語の読み書きは得意だけれど会話は苦手」と言われつづけてきました。その理由として、「日本人はシャイだから」とか「自己主張しないから」とも言われますが、おそらく最大の原因とされてきたのは**「学校の英語教育が実践的でないから」**ということでしょう。

　実は文法重視の英語教育は非常に理にかなっているのですが、グローバリゼーションの波にもまれるなかで、日本人の英語でのコミュニケーション力不足が声高に叫ばれるようになり、日本の英語教育はその声をダイレクトに反映させるかたちで改革を進めてきました。

　コミュニケーションを重視した授業内容、ALT（外国語指導助手）の配置、そして小学校高学年における英語科目の必修化など、ひと昔前と比べると英語の授業は大きく変化しています。

　それに伴い、中学・高校・大学の入試も様変わりしてきました。入試科目のなかでも英語は特に変化の激しい科目。結局は見送られたものの、**大学入学共通テストにおける英語民間検定試験と記述式問題の導入が大きな話題になった**のは記

憶に新しいところです。受験機会や選抜方法の公平性・公正性などの観点から2025年以降の導入は断念されましたが、大学受験に民間試験を活用しようとする動きは今後もつづくことが予想されます。

高校入試では、**東京の都立高校で2023年度の入学者選抜からスピーキングテスト（ESAT-J）**がはじまりました。公平性を欠くとして反対の声が多くあがっていたものの、結局はその反対を押し切るかたちで実施され、東京都教育委員会と民間事業者が共同開発したテストを都内公立中学校の3年生ほぼ全員が受験。東京都での実施を受けて、今後はほかの地域にも広がる可能性が高いと思われます。

小学校では以前から5・6年生で外国語活動がありましたが、2020年度からはこの外国語活動が3・4年生で必須となり、**5・6年生では英語が正式な教科**となっています。

これに伴い、国立・私立中学では英語を入試科目に導入する学校が増えており、2022年度の入試では**首都圏で146校が英語入試を実施**しました。首都圏以外でも、これからの中学入試は英語がますます重要となることは間違いないでしょう。

このように、学校英語と入試英語をめぐっては近年さまざ

まな動きが見られますが、その根底にあるのは**「学校教育で実践的な英語を身につける」**という考え方です。具体的には、学校の授業では「読む」「聞く」だけでなく**「書く」「話す」**にも力を入れ、入試ではそれを総合的に評価しよう、ということです。つまり、現代の日本の英語教育は、**「読む・書く・聞く・話す」の4技能をバランスよく身につける**ことが重視され、その認識に立ってさまざまな改革が進められているわけです。

　英語というひとつの言語を4つの技能に分けるのは、あくまでも英語を学習するうえでの便宜的な方法にすぎません。母語であれば、そんなふうに技能を分けて学習することはまずないでしょう。もちろん英語も4技能が独立して存在しているわけではなく、実際はこれらの技能が複雑に絡み合って、ひとつの言語として成立しています。けれども、外国語としての英語の学習を効果的に進めるためには、この4技能に分けた学習・評価方法が非常に有効です。

　学校英語や入試英語は今後もさらに改革が進むことが予想されますが、どのように変わるにせよ、バランスよく4技能を身につける重要性は間違いなくさらに高まっていくでしょう。

⬧ 「偏差値時代」の終わり

　少子高齢化が叫ばれて久しい日本では、ここ数年でさらに少子化が加速し、2022年の出生数は約77万人にまで減少しました。出生数が150万人を切ったのが1984年ですから、現在の子育て世代が生まれたころと比べて約半分にまで減っていることになります。出生数の減少によって、もちろん大学入学年齢の18歳人口も減少しています。短大・4年制大学への進学率は増加しているものの、2033年には18歳人口が現在より10万人程度減少し、その後も減少傾向はつづくことが予測されます。

　18歳人口の減少は、大学にとっては死活問題です。受験生から選ばれる大学となるためにさまざまな工夫を凝らし、なかには他校との合併といったような大転換を図る大学もあります。そんななか、近年は早い段階での入学者の囲い込みが加速しています。

　従来、大学入試は1〜3月におこなわれ、「受験生に正月はない」などと言われてきましたが、年内に合否が決まる総合型選抜（旧AO入試）や学校推薦型選抜での入学者が多くなってきたのです。**2021年度には、この「年内入試」による国公立・私立大学入学者は前年度の33.1％から急増し、は**

じめて半数を超えました。

　私立大学では、付属校や系列校を設置・増設する動きも見られます。付属・系列校が増えれば、当然その高校からの入学者も確保しやすくなります。「年内入試」より何年も早い時点で、すでに生徒の囲い込みがはじまっていると言っても過言ではないでしょう。高校の側からしても、付属・系列校以外の高校では大学の指定校推薦枠を確保することの重要性が増しています。指定校推薦で大学に入りやすければ、それが高校としての大きな魅力となって生徒を集めやすくなるからです。大学と高校の双方にメリットのある**推薦型・総合型選抜は今後さらに増加し、近い将来、大学入試の主流になる**と思われます。

　そうなった場合、高校在学中の評価や面接などで年内に大学合格が決まるわけですから、大多数の生徒は受験勉強をして一般入試を受ける必要がなくなります。模試を受けたり、偏差値に一喜一憂したりする必要もありません。現時点でもすでに高校受験の段階で、がんばって上の高校をめざすよりも、入学後に上位の成績をキープできる高校に入ったほうが推薦でランクの高い大学に行ける、といった指導をする塾が増えています。かつては偏差値至上主義とまで言われ、1点でも得点を上げて受験戦争を勝ち抜くのが大学受験でしたが、推薦型・総合型選抜が主流になれば、偏差値の意味が失われ

ることになります。**日本の入試環境はいま、偏差値時代の終わりを迎えようとしている**のです。

　偏差値時代が終わるというのは、つまりどういうことでしょうか。それは、偏差値という唯一の物差しで生徒全員を測るのではなく、思考力や学習意欲、あるいは高校時代に打ち込んだことなどを多面的に評価する方向へと入試がシフトするということです。一般入試の減少は学力の低下を招くといった議論もあるため、一般入試がなくなってしまうことは考えにくいものの、これからの大学入試はさらに多様化が進み、選択肢が広がると思われます。そうしたなかで、小中高校時代から好きなことを見つけて打ち込み、それを自分の強みにしていけば、大学進学でも有利に働くことは間違いないでしょう。

❖「英検®」はコストパフォーマンスが高い

　わたしが塾長を務めるクラウドEnglishは、英検®（実用英語技能検定）に特化した完全オンライン塾。早稲田大学現役学生が中心となって運営しています。ほんの数年前に入試を経験し、いまの入試環境を肌で知るわたしたちが、なぜ英検®向けの勉強に専念する塾を開校したのか。それは「はじ

めに」にも書いたとおり、英検®が「受験に有利」だからです。

「いまさら英検®? TOEIC®のほうがいいのでは?」と思う人もいるかもしれません。英検®には「学校英語」のイメージがあって、実践的な英語力をのばすならTOEIC®と考える人もいるでしょうし、一般社会ではTOEIC®の受験を社員に義務づけている企業はあっても、英検®の受験を求める企業はまずないでしょう。ですが、こと受験に関しては、中学入試から大学入試にいたるまで、TOEIC®やほかの英語検定試験よりも英検®が圧倒的に有利なのです。

　特に大学入試に関しては、「有利」というだけでは言葉足らずかもしれません。英検®は圧倒的にコストパフォーマンスの高い闘いなのです。

「はじめに」にも書いたとおり、英検®を取得して推薦型・総合型選抜で受験すれば、早稲田やGMARCHなどの難関大学でも面接と小論文だけで合格できます。入試科目の受験勉強をする必要はありません。高校3年生のあいだじゅう塾や予備校に通ったり、夏期講習や冬期講習を受けたりしなくていいのです。もちろん、その塾・予備校にかける費用も要りません。

　塾・予備校に時間とコストをかける代わりに、3か月だけ

英検®の勉強に集中して取得すれば、それだけで難関大学にでも行けてしまうのが、いまの推薦型・総合型選抜入試。主体的・個性的な学生を求める大学が増えているなか、塾や予備校で「みんなと同じ」勉強をするよりも、**短期間で英検®を取得して、自分の好きなことや得意なことを追求するために時間を使う**ほうが、合格できる大学のランクが上がり、合格の確実性も大幅にアップします。

　年間100万円ものコストをかけて何百時間も塾・予備校に通っても、志望校に合格できるかどうかは入試当日のコンディションに大きく左右されます。入試が近づくと、インフルエンザ流行のニュースにひやひやしながら体調管理に気を遣ったり、当日の天候と交通状況に気をもんだりすることになりますが、科目の試験なしで早期に合格が決まる英検®＋推薦型・総合型選抜ならそんな心配もありません。

　また、志望校を決めるとき、一般入試の場合は成績（偏差値）が最大の判断材料ですから、学校や塾・予備校の進路指導では、その数値をベースにして"行ける大学"を薦められます。「B大学なら行けるだろう。A大学は偏差値が足りないから無理」といった具合です。

　ところが、英検®＋推薦型・総合型選抜の入試の場合、そんなふうに**偏差値に縛られることはありません**。自分が行き

たい大学、自分がやりたいこと、好きなこと、得意なことを基準に志望校選びができるのです。その結果、ワンランクもツーランクも上の大学に合格することもできます。

　ここまでコストパフォーマンスが高く、ほかにもメリットだらけの英検®を取得しない理由はないのではないでしょうか。クラウドEnglishの場合、塾・予備校に1年間通う場合とくらべると、個人差はあるものの、概ねコストは半分、時間は4分の1で済みます。また、英検®の塾を利用せずに自力で英検®に合格すれば、ほとんどコストはかかりません。

　このように、圧倒的にコストパフォーマンスの高い英検®で効率的に闘って勝ち抜けるのが、いまの時代の大学入試。大学に進学するのであれば、まずこの英検®＋推薦型・総合型選抜入試を早い段階で検討することをお勧めします。

　さて、ここまで英検®が大学の推薦型・総合型入試にどれほど有効かを書いてきましたが、英検®が大きなメリットを発揮するのは推薦型・総合型選抜入試だけでもなければ大学入試だけでもありません。ここからは、大学の一般入試と中学・高校入試について、英検®がどのように「使える」かを説明しましょう。

❖ 英検®があればこんなに有利！

　まず、大学入試で多いのが、<u>取得している英検®の級に応じて個別試験に加点される</u>ケースです。

　たとえば、2級なら15点、準1級なら30点が試験の点数にプラスされるといった具合です。加点される点数は学校・学部ごとに異なり、多いところでは準1級で100点以上加点されます。1点の差が合否を分ける大学入試で、この加点がどれほど大きいかは火を見るより明らかです。

　また、英検®の級を個別試験の点数に換算するパターンもあります。

　たとえば、2級なら個別試験の80点、準1級以上は満点に換算するといったところまであり、その場合は<u>実質的に英語の個別試験は免除</u>ということになります。このパターンを採用している大学・学部を受験するのであれば、英検®の準1級を取得しておくだけで、個別試験の英語科目は満点が保証され、入試前の英語の勉強が不要になって、ほかの科目に時間を使えるようになるわけです。

　そのほかに、<u>一定レベル以上の級を取得していることが出</u>

✦ 英検®を持っていると有利になる大学・学部①

立教大学 経済学部

(配点) 英語...150点　国語...150点　社会...100点

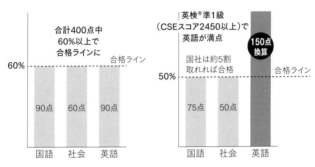

◎一般の場合

合計400点中
60%以上で
合格ラインに

合格ライン

60%

国語 90点　社会 60点　英語 90点

◎英検®準1級取得の場合

英検®準1級
（CSEスコア2450以上）で
英語が満点

150点
換算

国社は約5割
取れれば合格

合格ライン

50%

国語 75点　社会 50点　英語

※2021年度入試の推測値

願資格になっている大学・学部もあります。一般入試でこの出願資格を設けているケースもありますが、どちらかというと推薦型・総合型選抜で多く見られるパターンです。高校で上位の成績をキープできる学校推薦型選抜向きの生徒や、大学が求める学生像にあてはまる総合型選抜向きの生徒は、英検®を取得して出願資格をクリアしておくことで、英語の科目試験なしで難関大学に合格できる可能性も広がります。また、取得している級を「参考」として考慮し、合否判定の際に優遇するケースもあります。

❖ 英検®を持っていると有利になる大学・学部②

早稲田大学 文化構想学部文化構想学科

	入試名	倍率		募集人数	志願者数	受験者数
		2022	2021			
文化構想学部	一般選抜合計	8.0	7.8	475	11942	11329
文化構想学部	総合型選抜合計	7.1	5.9	若干	214	214
文化構想学部	共テ合計	4.7	6.7	35	1183	957
文化構想学部／ 文化構想学科	一般選抜	8.9	8.2	370	7755	7443
文化構想学部／ 文化構想学科	一般選抜(英語4 技能テスト利用型)	7.8	7.4	70	3004	2929
文化構想学部／ 文化構想学科	一般選抜 (共テ利用)	4.7	6.7	35	1183	957
文化構想学部／ 文化構想学科	総合型選抜 国際日本文化論	4.2	3.4	若干	105	105
文化構想学部／ 文化構想学科	総合型選抜 新思考入試 (地域連携型)	21.8	14.6	若干	109	109

JCuIP入試(総合型選抜)では、英検®準1級より少し低いスコア(CSEスコア2300)の提出により**志望理由書**と**面接**だけで受験ができる

　このように、大学受験では英検®取得が非常に大きなメリットになります。英検®以外にも英語民間検定試験はいくつかあり、たとえばTOEIC®やGTEC、IELTSなども英検®同様に利用できるところもありますが、**大学入試での採用率が最も高いのは英検®です**。学校で学ぶ英語に最も近く、参考書や問題集が豊富で最も対策がしやすいのも英検®なので、受験する大学を決める際の選択肢を広げるためにも、勉強効

∵• 英検®を持っていると有利になる大学・学部③

上智大学 文学部哲学科

◎文学部（一般選抜）

倍率
約3.1倍

344人 → 3475人

募集人数　志願者数

◎公募推薦（英検®2級&評定4.0を持っていれば誰でも出願できる）

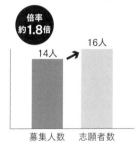

倍率
約1.8倍

14人 → 16人

募集人数　志願者数

率を上げるためにも、英語検定試験は英検®を選ぶことをおすすめします。

　大学入学共通テストでは導入が見送られた英語民間検定試験ですが、実態としてはすでに各大学での活用が進んでおり、**日本に800校近くある大学のなかで、上記いずれかのかたちで民間試験を採り入れている大学は約半数にのぼります。**英検®2級を取得していれば「使える」ケースが多く、準1級以上ならさらに有利に受験を勝ち抜ける可能性が高くなります。

　英検®が受験に有利なのは、大学入試だけではありません。高校入試の場合、公立高校の優遇措置は地域によって異なりますが、3級以上で内申に加点されるパターンや、2級以上で

試験点数に換算されるパターンなどがあります。

　たとえば大阪の府立高校では、準1級を取得している場合、入試当日の英語の点数が満点とみなされます。加点や換算がなくても、合否ボーダーライン上だった場合に優遇されるケースもあります。また、東京の都立高校ではじまったスピーキングテスト（ESAT-J）は英検®とは異なるものの、英検®では3級以上の二次試験でスピーキングテストがあるため、英検®対策がそのままESAT-Jの得点アップにつながります。私立高校の場合は加点や換算にとどまらず、入学金の免除、奨学金、単位認定といった優遇措置を受けられる学校もあり、公立高校よりもさらに英検®のメリットが大きいといえます。

　中学入試に関しては、前述のとおり英語入試を実施する学校が増えるなかで、高校入試と同様に加点や換算、入学金の免除、奨学金などの優遇措置が受けられる学校が多くあります。2020年度に小学校高学年で英語が教科化されたことで、今後ますます中学入試でも英検®の活用が進み、それに伴って英検®そのものの受験者も低年齢化すると考えられます。そうした状況のなか、早めの英検®取得によって中学入試が有利になるだけでなく、その後の成績や高校・大学入試にまで英検®が大きくプラスに働くことは間違いないでしょう。

∴ そもそも英検®とは?

　さて、ここまで現在の入試環境や英検®のメリットについて説明してきましたが、そもそも英検®とは何なのでしょうか。

　英検®とは、公益財団法人の日本英語検定協会が実施している実用英語技能検定のこと。英語の4技能をバランスよく測定できるテストで、日本全国の主な都市で年3回実施されています。

　日本で受験可能な英語検定試験としては最も認知度が高く、毎年300〜400万人程度、これまでの累計で1億人以上が志願しています。個人で申し込んで受験することも、学校や塾などで団体受験することもできます。3級から準1級までは英検S-CBTと呼ばれるコンピューター受験もあり、こちらは主要都市で原則毎週土日に開催されています。

　現在は英検 Jr.®（旧称：児童英検®）もありますが、これは英検®とは違って英語に親しむことを目標とした、幼児から小学生向けのテストです。

　英検®は5級からスタートし、1級が最高レベルです。5級

と4級は筆記とリスニングだけで合否が決まります。3級以上は一次試験（筆記とリスニング）の合格後に二次試験（面接形式のスピーキング）も合格することで取得できます。同一試験日・同一会場でダブル受験（隣接したふたつの級を一緒に受験）することも可能です。

　英検®の各級の目安としては、3級が中学卒業程度、2級が高校卒業程度、準1級が大学中級程度などとなっています。詳しい情報については、日本英語検定協会の英検®サイト（https://www.eiken.or.jp/）をご覧ください。

　英検®以外にも、主に日常生活やビジネスシーンにおける英語のコミュニケーション能力を測定するTOEIC®、英語圏の国で就学・就労する人向けのIELTS、株式会社ベネッセコーポレーションが実施しているGTECなど、大学受験に活用できる英語民間検定試験はいくつもあります。それぞれに特色があり、レベル分けなども異なるため、各種検定試験のレベルを比較するためにCEFRを使用することがあります。これは欧州評議会が作成した国際標準指標で、学校によっては出願資格や加点・換算の基準として英検®の級の代わりにCEFRを採用しているところもあります。

　CEFRの表（P34）を見てもわかるように、英検®以外の検定は試験結果がスコアのみで示されます。それに対して英

∴ 英検®の各級の目安

習得目標	級	推奨目安	出題目安	出題形式
使える英語の登竜門 ・基礎力定着 ・高校入試レベル	5級	中学初級程度	英語を習い始めた方の最初の目標。家族のこと、趣味やスポーツなど身近な話題が出題されます。英語の基礎固めに最適です。スピーキングテストも受験可能です。	・筆記 ・リスニング ・録音形式のスピーキングテスト
	4級	中学中級程度	出題形式や内容が、より実用的に。身近なトピックを題材とした読解問題が加わります。基礎力をぐんぐん伸ばしていきましょう。スピーキングテストも受験可能です。	・筆記 ・リスニング ・録音形式のスピーキングテスト
	3級	中学卒業程度	二次試験でスピーキングテスト。英語で考えを伝えましょう。筆記試験の題材は、海外の文化など少し視野が広がります。中学卒業段階の英語力の達成目標：3級（文部科学省）	・筆記 ・リスニング ・面接
使える英語で世界へ ・大学入試レベル ・2級から海外留学 ・履歴書で評価される	準2級	高校中級程度	教育や科学などを題材とした、長文の穴埋め問題が加わります。センター試験の問題形式と共通点が多く、入試対策にも最適。高校卒業段階の英語力の達成目標：準2級～2級（文部科学省）	・筆記 ・リスニング ・面接
	2級	高校卒業程度	医療やテクノロジーなど社会性のある英文読解も出題されます。海外留学、国内での入試優遇・単位認定など、コミュニケーション力が高く評価されます。ビジネスシーンでも採用試験の履歴書などで英語力をアピールできます。ライティングが加わります。	・筆記 ・リスニング ・面接
リーダー（品格）の英語 ・ライティング、スピーキングを含む4技能の総合力を測定	準1級	大学中級程度	エッセイ形式の実践的な英作文の問題が出題されます。「実際に使える英語力」の証明として高く評価されています。	・筆記 ・リスニング ・面接
	1級	大学上級程度	二次試験では2分間のスピーチと、その内容への質問がなされます。カギは英語の知識のみでなく、相手に伝える発信力と対応力。世界で活躍できる人材の英語力を証明します。	・筆記 ・リスニング ・面接

（出典：公益財団法人 日本英語検定協会ウェブサイトより）

文部科学省（平成30年3月）

CEFR	ケンブリッジ英語検定	実用英語技能検定 1級-3級	GTEC Advanced Basic Core CBT	IELTS	TEAP	TEAP CBT	TOEFL iBT	TOEIC L&R/ TOEIC S&W
C2	230 / 200 (230)(210)	各級CEFR算出範囲	各試験CEFR算出範囲	9.0 / 8.5				
C1	199 / 180 (190)(180)	3299 / 2600 (3299)[2630]	1400 / 1350 (1400)	8.0 / 7.0	400 / 375	800	120 / 95	1990 / 1845
B2	179 / 160 (170)(160)	2599 / 2300 (2599)[2304]	1349 / 1190 (1280)	6.5 / 5.5	374 / 309	795 / 600	94 / 72	1840 / 1560
B1	159 / 140 (150)(140)	2299 / 1950 (2299)[1980]	1189 / 960 (1080)	5.0 / 4.0	308 / 225	595 / 420	71 / 42	1555 / 1150
A2	139 / 120 (120)	1949 / 1700 (1949)[1728]	959 / 690 (840)		224 / 135	415 / 235		1145 / 625
A1	119 / 100 各試験CEFR算出範囲 (100)	1699 / 1400 (1699)[1456]	689 / 270 (270)					620 / 320

■ ┃は各技能合格スコア

※ 技能別の数値は、各試験におけるCEFRとの対照関係として測定する能力の範囲の上限と下限

（出典：文部科学省）

検®は、試験結果が「合格」か「不合格」かではっきり示されます。これは一見、紋切り型の評価のように思えるかもしれませんが、**英検®の個人成績表では合否だけでなく4技能別のスコアや解答状況、分野／大問別の正答数や獲得点数までわかるので、今後どの部分を強化すればよいかが非常に把握しやすい**という特徴があります。

本来、広い意味での「学び」は自由なものですが、勉強の成果は数字でしか測れません。どんなにがんばって勉強しても、その成果が数字に表れなければ成績にも受験合格にも結びつかないのです。どの英語検定試験を受けても結果がスコアで示されるわけですから、それだけを考えれば検定試験は

どれを受けてもいいということになります。もちろん、それはそのとおりですし、そのスコアをCEFRに換算して受験で活用することもできます。けれども、重要なのはその数値をどれだけアップさせられるかであり、そのための重要なカギを握っているのが、「合否」が明確になるという英検®の特徴なのです。

　勉強に取り組むうえで最も重要なのは、目標を持つことです。目標が明確であればあるほど勉強の効果は高く、モチベーションを維持しやすくなります。目標といっても、はるか彼方に設定した目標では実効力がありません。現在の実力より少し上の、がんばれば届く目標を設定することが重要です。段階的に目標を達成して成功体験を重ね、自信と実力をつけて最終的に大きな目標を達成する——スモールステップを踏むことが大きな成功につながります。

　つまり、英検®の場合は目標の級を設定し、「合格」をつかむことが「やった！」という喜びと達成感になって、**つぎの目標へ向かうモチベーションが維持しやすくなる**のです。ひとつの「級」を取得することは、単にスコアが上がっただけでは得られない明確な成功体験です。それを生徒本人がはっきり実感できるのが英検®の特徴であり、だからこそ、みずから意欲的に「つぎの級も合格したい」という目標を設定して主体的かつ効果的に取り組めるというわけです。

また、英語は4技能を鍛えることが重要とはいえ、「読む」ことができなければ「書く」ことはできませんし、「聞く」力が足りなければ「話す」力も伸びません。さらに、「読む」技能ひとつをとっても、単語、熟語、文法、長文読解など、いくつもの要素が含まれています。その点を考えても、<u>どの問題で間違えたかまで把握できる英検®は、4技能をバランスよく鍛えるうえで最適な検定試験と言える</u>でしょう。

❖ 英検®準1級合格には 「300時間」が必要

　前述のとおり、<u>高校入試で「使える」のは英検®3級以上、大学入試では2級以上が一般的です。トップレベルの高校を狙うなら2級以上、難関大学なら準1級以上はほしいところ</u>です。では、そのためにはどの程度の勉強時間が必要なのでしょうか。

　もちろんスタートラインによって必要な勉強内容は異なりますから一概には言えませんが、<u>2級（高校卒業程度）に合格した人が準1級（大学中級程度）に合格するには、300時間の勉強が必要</u>です。ただ、2級に余裕を持って合格した場合とギリギリで合格した場合とでは実力に開きがあるため、

300時間はひとつの目安と考えてください。300時間というのは1日3時間として100日間。従来型の英検®は年3回の実施なので、2級に合格してから約4か月後のつぎの試験で準1級を取得できる計算になります。

では、その300時間で何を勉強すればよいのでしょうか。この点については、クラウドEnglishでの勉強方法を次章以降で紹介します。基本は英検®の過去問題を解くことですが、大事なのはそのあとです。**間違えた問題の弱点分析をおこない、どの部分をどの程度強化すべきかを数値化して明確にし、その生徒に合った方法で取り組む**ことが重要です。ポイントは、きめこまかい分析と数値化、ひとりひとりの生徒に合った勉強方法——言い換えれば、「生徒を勝たせる戦略」です。

残念ながら、日本の学校教育は現在も大人数クラスの一斉授業で、個々の生徒に対するきめこまやかな指導は難しい状況です。従来型の授業とは一線を画したプロジェクト学習やアクティブラーニングといった取り組みは増えてきたものの、現在の学校教員は学習指導以外の業務に忙しいことも相まって、ひとりひとりの生徒の理解度や進度に応じて英検®や受験の学習指導をすることはほぼ不可能です。塾の場合は勉強だけを効率的に教えられますが、それでも集団指導クラスは学校と大差ありません。個別指導の塾でも「勝たせる戦略」

を持って徹底的に生徒に寄り添った指導ができるところはほとんどありません。

　また、巷には英会話教室や英語塾が無数にあるものの、たいていは「英語を楽しく学ぶ」「英語が話せるようになる」「英語の成績を上げる」といった、やや漠然とした目標しかないため、英検®取得を目的とした場合、その勉強の効果は低いと思われます。最近は英検®に特化した塾やコースも見かけるようになりましたが、「いつまでに○級をとる」という明確な目標を設定し、「生徒を勝たせる戦略」を実践しているところはなかなかないようです。時間をかけても成果が出なかったり、目標にしている級に合格できないことがつづいたりすると、モチベーションを保つのが難しくなってしまいます。英検®は学校や一般塾の勉強に比べて優先順位が低くなりがちなので、期間を決めて短期集中で確実に取得するのがベストです。

　次章では、短期間で集中的に勉強をして英検®取得の目的を達成した実例として、クラウドEnglishの生徒を6名紹介しましょう。

第2章

英検®に「超・スピード合格」した生徒たち6名

第2章で紹介する合格例

1人目　K.M.さん（中学3年生）

▶ 英語のテスト0点から3か月で準2級・2級に合格

2人目　松本妃央さん（高校2年生）

▶ 好きだった英語が苦手科目になる挫折を経て、2級に一発合格

3人目　橋本駿さん（高校既卒生）

▶ 英検®の強さに気づき、2か月で2級・準1級に合格

4人目　F.K.さん（小学3年生）

▶ 小学生で準1級に合格

5人目　C.I.さん（高校3年生）

▶ 3か月で準1級！　英検®と評定で早稲田に推薦合格

6人目　Y.I.さん（中学3年生）

▶ 英検®バンド「−6」から3か月で2級に余裕の合格

✦ 自力では難しい英検®のスピード合格

　英検®は入試に有利だとわかっていても、実際に大学入試で「使える」レベルの2級や準1級に合格するのは容易なことではありません。なぜ難しいのでしょうか？　それにはいくつか理由があります。

◇ 学校の勉強や部活・塾に忙しい生活のなかで、英検®の勉強はどうしても優先順位が低くなりがち。
◇ 英検®はやるべきことをやりさえすれば合格できるとはいえ、「いまの自分がやるべきこと」を生徒自身が判断するのは困難。
◇ 「3時間100日」の勉強で準1級に合格できるものの、このペースの勉強を生徒が自力で戦略的にやりきるのは至難のわざ。

　こうした現実を踏まえ、クラウドEnglishは徹底した戦略的コーチングによって、超・スピード合格の実績を重ねています。この章では、実際にクラウドEnglishに入塾して目標の級に短期間で合格した生徒たちを紹介します。

✦ 英語のテスト0点から3か月で準2級・2級に合格　K.M.さん(中学3年生)

　中学受験をみごと突破し、晴れて志望校に入学したものの、授業のレベルが高くて苦労する生徒は少なくありません。K.M.さんもそんなひとり。小学生のうちに英検※4級まで合格していたK.M.さんですが、入学した私立中学が英語に力を入れている学校で、外国人の先生が多く、授業が進むスピードも非常に速かったため、授業についていくのが難しくなってしまいました。

　「**英語が嫌いでしたし、学校からサポートもしてもらえませんでした**。積極的に先生に相談することもできず、的確なアドバイスももらえなくて……。まわりには英語ができる人がたくさんいたので、英語が苦手な自分はすごくコンプレックスを感じていました」

　英語の成績は下がる一方。相談できる友人もいなかったK.M.さんにとって、苦しい状況がつづいていました。そして、とうとう学校のテストで0点をとってしまいます。もはやあきらめムードだった、とK.M.さんは当時を振り返ります。

そんなK.M.さんを支えていたのは、<u>**「医者になりたい」**</u>という夢でした。

「通っていた病院のお医者さんが、いい相談相手になってくれていたんです。自分も医者になりたい、人を救える存在になりたい、そのためにはまず英語からがんばってみようと思って、母にすすめられたクラウドEnglishで勉強することにしました」

クラウドEnglishでは最初に丁寧な面談をおこない、なぜ英検®を取得したいのか、どんな夢や目標があるのか、本気で英検®の勉強に取り組む心構えがあるか、といったことをじっくりお聞きしています。

最初の面談の際、K.M.さんはすっかり自信をなくしていて、ずっと下を向いているような状態でした。それがなんと、そこから<u>わずか1か月半で準2級に合格、さらにその1か月半後には初挑戦の2級にも1回で合格</u>したのです。

「クラウドEnglishで使うのは基本的に英検®の過去問でした。文法の授業があるわけではないのに、中学から高校の文法を網羅できました。

K.M.さんの2級合格時スコア

受験級	総合合否
2級	**合格**
4技能総合スコア	4技能総合CEFR
1991/2600	**B1**

先生に教わった方法を普段の勉強に取り入れて、効率的に力をつけられたと思います。"いつまでに合格する"という目標設定が、いい意味で自分を追い込む要因になりました」

「クラウドEnglishは、何をやればいいかという道を示してくれます。あとは自分がやらないと何もはじまらない。単語は毎日必死でやりました。辛かったけど、単語を覚え、シャドーイングを繰り返すうちに、暇なときに英語に触れている時間が長くなって、リスニングの力がついてきました。聞きとれるようになると話すのが好きになって、発音もうまくなりたいと思うようになり、どんどん自分から話すようになりました。あんなに英語が嫌いだったのに、1か月半で寝言まで英語になっていたんです」

　英語で積極的に話せることが楽しいと感じるようになったK.M.さん。ライティングでも、最初は簡単な単語をいくつかつなげるだけだったのが、使える表現をどんどん増やし、根拠を持って説得力のある文章が書けるようになりました。

「以前の自分なら準2級なんて受かるわけないと思っていたでしょうが、自信を持って試験に臨むことができました。結果は合格ラインを100点以上超えて余裕で合格。準2級合格の賞状を手にしたときには、もうほんとうにうれしくて。つぎの2級も合格したくなったんです」

そこからさらに1か月半、同じ要領で勉強をつづけ、はじめて受けた2級にもみごと合格。わずか3か月でゼロから高校卒業レベルの2級にまで到達したK.M.さんは、この成果を「目標に向かって毎日毎日、単語の暗記や過去問演習を積み重ねた結果」だと言います。

「いまは準1級の勉強と並行してオンライン留学もしながら、塾にも通って医学部受験の勉強もしています。英検®合格という結果が得られたからこそ、どんどん自信もついて、もっと世界に向けた挑戦をしていきたいと強く思うようになりました。ゼロからでも短期間で英検®を取得することで、ここまで人は変わることができる。自分を変えたいと思っている人は、ぜひ英検®を通じて本気で自分を変えるきっかけをつかんでください」

わずか3か月前、入塾面談でうつむいてばかりいたK.M.さんの姿はもうどこにもありません。いまはしっかり前を向いて、確かな未来を見つめています。

> クラウドEnglishで
> 勉強して英語が好きに
> なりました！
> 先生を信じて頑張って下さい！

❖ 好きだった英語が苦手科目に——
挫折を経て2級に一発合格

松本妃央さん（高校2年生）

「中学時代は英語が得意だったのに、高校で苦手科目になってしまった」と言う妃央さん。こまかい文法、テストに追われる日々、**"やらされ感"に嫌気がさして勉強が捗らず、どんどんわからなくなって英語の成績が学年下位にまで下がってしまいました。**

「ふと気づくと、得意なことがひとつもなくなっていました。中学時代は英語が好きで成績もよかったのに、いまの自分には何も武器がない。英語が苦手になったことがくやしいと思いました」

　小中学校では成績優秀でも、同レベルの生徒が集まる高校でまわりの環境に押しつぶされて自信を失っていくというのは、実はとてもよくある話です。妃央さんも好きだった英語が苦手になり、自信を持てるものがなくなって何もかもうまくいかないという、限界まで追い詰められた状態でした。

　もともと成績がよかった生徒にとって、これは大きな挫折です。多感な思春期に味わうこうした挫折は、アイデンティ

ティの危機ともいえるほど、ほんとうに苦しいものです。そのまま勉強をあきらめてしまう生徒も少なくありません。でも、妃央さんは違いました。

「何かひとつ武器がほしい、何かひとつのことに本気で取り組みたいと思ったんです。それで、そういえば以前は英語が得意だった、やっぱり自分には英語しかない、というところにたどりつきました」

「わたしの目標は海外で活躍する看護師になること。そう思うようになったきっかけは、開発途上国で活動する"地球のステージ"という、医師の方が代表理事を務める団体の公演を学校で聴いたことでした。目標を叶えられる大学に進学したい。そのために英検®に合格したい。海外で活躍するためにも英語の勉強をがんばりたい。そんな気持ちを抱えながら興味本位で検索して、たまたま見つけたのがクラウドEnglishでした」

　明確な目標を持ち、覚悟を決めて勉強をはじめた妃央さんの"進化"には、すさまじいものがありました。

　クラウドEnglishで受けた最初のスピーキングの授業では、英語を話すのが怖くてYesとNoしか言えなかった妃央さんですが、「文法めちゃくちゃでもいいから、しゃべってごら

ん。失敗しても問題ないから」という講師のことばで、すべてが変わったといいます。

「文法が間違いだらけでも、とにかく話してみようと思えました。**先生にミスをなおしてもらい、それをあとで声に出して練習してみると、一度間違えてなおしてもらった文章なので、自分のことばのように自然に言えるようになった**んです。それから毎日 "お風呂時間" を活用して練習したら、1週間後の授業では前回よりすごく話せるようになっていて、先生に驚かれました。それがうれしくて、さらにつづけていると、"どこで何をした" という体験談や "なぜそうしたか" という理由まですらすら話せるようになって、先生からも "ぜんぜんミスがない" と言ってもらえるようになりました」

　英語を話すことが怖くなくなった妃央さんは、どんどん積極的にトライして自信をつけていきます。

　3人ほどのグループレッスンで、ほかの生徒が英語で意見を話すのを聞くのも、いい刺激になりました。もっと自分の意見も話したい、1週間前の自分よりも成長したい——高いモチベーションと誰にも負けない向上心で、スピーキング以外の勉強にも積極的に取り組みました。

「最初は単語の勉強が嫌いでしたが、**無理に覚えようとしな**

くても単語帳をどんどん回していけばいいという先生のアドバイスを実践するうちに、単語暗記の負荷が軽くなるとともに、単語をイメージで覚えて文章が理解できるようになりました」

「リスニングは、授業で先生が流してくれる英語ニュースが最初はぜんぜん聞きとれなかったんです。それで反骨心みたいなものがわいてきて、ぜったいにこれを聞きとれるようになりたいと思いました。先生に教わった2倍速で聞く方法をがんばってつづけていたら、元の速度にもどしたときに、ゆっくりに感じられて聞きとりやすくなっていました」

「ライティングでは、わたしは関係代名詞を使うのが苦手だと先生に指摘してもらったので、ネットで関係代名詞を使った文章を調べてピックアップし、それをひたすら音読しました。先生のアドバイスを受けて、要点を絞って効率的に学べたのがよかったと思います」

　実は、妃央さんは英検®を一度も受験したことがなかったのですが、クラウドEnglishに入塾して**2か月、はじめて受けた英検®2級でみごとに一発合格**を果たしました。初受験でいきなり2級に合格、しかも学校の成績が学年下位で英語が苦手になっていたところからわずか2か月での合格は、まさに快挙といえるでしょう。

松本さんの英検® 2級受験結果

	英検®CSE スコア	合計		CEFRレベル
Reading	**534**/650	一次合計 **1680**/1950		B1
Listening	**536**/650			B1
Writing	**610**/650			B1
Speaking	**486**/650	二次合計 **486**/650		B1

	一次	二次
合否	**合格**	**合格**
英検®バンド	G2 +7	G2 +7
合格基準スコア	1520	460

　合格の秘訣は「ミスから逃げず、しっかりと向き合うこと」と妃央さんは言います。講師の指摘をしっかり受け止め、「成長したい」という前向きなモチベーションで努力を継続したこと。**"お風呂時間"などの、いわゆる"すきま時間"を有効に活用したこと。**そして何より、明確な目標と向上心。クラウドEnglishが生徒に日々伝えていることを、妃央さんはすべて体現して合格を勝ちとってくれました。

　現在高校2年生の妃央さんは、「親に負担をかけないためにも早く準1級も取得して、3年生になったら受験勉強に専念したい」と考えています。「時間をかけて勉強するという意識ではなく、すきま時間で楽しみながら、とにかく日常的に英語に触れることが大切です」

　海外で活躍する看護師になるという妃央さんの目標は、おそらく確実に実現されるでしょう。妃央さんがその誰にも負けない向上心で、どこまで大きく羽ばたいていくのか——もしかしたら10年後か20年後、世界で活躍する妃央さんのニュースを2倍速の英語で聞いている高校生がいるかもしれませんね。

合格に必要なのは2時間30分の授業と、1日30分の単語勉強だと思います！単語は1日たくさんの量を目に通すイメージでやっていました。サウスサイドの先生達は1人1人丁寧に教えてくれます。その1回1回の授業を大切に受けて全力で英語楽しんでください！

松本妃央

⚡ 落ちつづけた2級、初挑戦の準1級に 2か月で合格　橋本駿さん（高校既卒生）

　第1章で詳しく説明したとおり、英検®は入試に有利です。身をもってそれを体験したのが橋本駿さんでした。現役受験生のとき、駿さんは友人と同じ大学を受験。友人が合格をつかみとった一方、駿さんは残念ながら不合格でした。なぜ自分は合格できなかったんだろう——くやしい思いを抱えながら考えたすえ、駿さんが行きついたひとつの答えが、英検®でした。

　現役当時、駿さんは英検®を意識することなく受験勉強をしていました。英検®は受けていたものの、特に英検®対策をしていたわけでもなく、2級に5回も落ちつづけていた駿さん。そして大学に合格した友人は、準1級を取得していました。つまり、大学入学共通テストの英語試験が、準1級を取得していることで満点に換算されていたのです。

　英検®の"強さ"に気づいた駿さんは、何が何でも準1級をとろうと決意。くやしさをバネに、クラウドEnglishで並々ならぬ努力を重ねた結果、なんと**わずか2か月で、あれほど落ちつづけた2級に合格**しました。しかも、**同時受験した準1級も、初挑戦でみごと一発合格**を勝ちとりました。

「合格の結果を見た瞬間、これで共通テストが楽になる、と思いました。短期間とはいえ、**ほかの受験科目にあてる時間を削って英検®対策をするのは正直つらい部分もありました。**でも、自信をなくしていた英語で英検®準1級の結果が出せて、ほんとうによかったと思います」

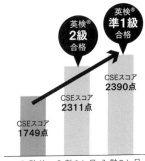

橋本さんのスコアの伸び

英検® **2級** 合格

英検® **準1級** 合格

CSEスコア **1749点**
入塾前

CSEスコア **2311点**
入塾2か月

CSEスコア **2390点**
入塾2か月

あたりまえのことですが、受験には"英語以外の科目"があり、入試日が決まっているので"期限"があります。限られた時間のなかで、どうやってトータルの点数を上げていくかが勝負です。浪人生の場合は特に、「また落ちたらどうしよう」という不安や、「いまごろ友人は大学生活を送っているのに」といった焦りとの闘いもあります。そんななかで、受験科目の勉強にあてる時間をできる限り減らさずに、効率的にトータルの点数を稼ぐことのできる"英検®の超・スピード合格"は、まさに志望校合格の扉を開くカギといえるでしょう。

そのカギをクラウドEnglishに入塾後たった2か月で手に入れた駿さんですが、入塾当初はリーディングが苦手だった

といいます。文法は身についているのに点数が伸びなかった駿さんは、クラウドEnglishで読解テクニックを学び、英検®特有の出題方法に慣れ、接続詞などの着眼ポイントから文章の論理展開をすばやく把握できるようになって、リーディングの点数アップにつなげることができました。

　ライティングについては、「自分で特に成長を感じた」と言う駿さん。**「英作文も苦手でしたが、ライティングの"幹"を教わって、自分の英作文スタイルをある程度確立できたのが大きかった**と思います。先生に指導してもらったとおりにやって、15分の制限時間内に書けるようになりました」。そう話す駿さんが一発合格した準1級で最も点数を稼げていたのがライティングでした。

「スピーキングは、以前は自分で話す機会がなかなかありませんでした。クラウドEnglishでは実際に話してみて、間違いを先生に指摘してもらえたのが大きかったですね。英検®の過去問題にとらわれすぎず、いろいろ話せたのもよかったと思います」

　ぜったいに準1級を取得し、志望校に合格するという目標がしっかりと定まっていた駿さんは、クラウドEnglishで講師を積極的に"活用"し、トライ＆エラーを繰り返すなかで、努力を確実に成果へと変えていきました。

「英検®の試験会場で、まわりの人たちは参考書を見ていましたが、自分はクラウドEnglishの授業メモを見ていました。まわりの人たちより自分のほうが、確実に対策ができている自信がありました」

　その自信が本物だったことを結果で堂々と証明し、現在は医学部受験に向けて猛勉強中の駿さんに、これから英検®合格をめざす人へのアドバイスをお願いすると、こんなメッセージが返ってきました。

「成長は"やってみる"ことから。失敗してもいい。できなくてもいい。恥ずかしがる必要はないよ。勇気を持って！」

最初はできなくても、
先生方を信じれば、
できるようになります。
頑張ってください！！

❖ 小学3年生、入塾後87日で初挑戦の準1級に一発合格　F.K.さん(小学3年生)

　2020年度から小学校で英語が正式科目になったこともあり、最近は**英検®に挑戦する小学生も増えてきました**。学校の授業を受けるだけでは英検®対策にならないため、英検®取得を目指す小学生の場合は大半が英語教室に通っていますが、なかにはもっと早い段階から将来を展望し、子供をインターナショナルスクールに通わせたり、留学させたりする保護者もいます。

　早いうちから英語に慣れて英語が得意になるという点では、そういう方法が効果的なのはたしかです。ただ、英検®取得となると話は違ってきます。小学生向けの英検®対策の塾は、まだ4級や3級レベルまでしか対応していないところがほとんどですし、いくらネイティブの先生と会話をしたり英語環境に身を置いたりしても、英検®で高い級を取得するための対策にはなりません。

　英検®2級や準1級レベルになると、膨大な数の単語を知っている必要があるうえ、小学生では日本語でも意味がわからないような難しい単語がたくさん出てきます。また、英検®に受かるには、実際に英検®の問題を解く訓練が必要です。

さらに、社会問題・時事問題を扱った問題が出題されるため、そうしたテーマについての理解も求められます。小学生の段階で高校卒業レベルの英検®2級を取得するのもきわめて困難ですから、大学レベルの準1級なんて合格できるわけがないと考えるのがふつうかもしれません。

ところがクラウドEnglishには、その**準1級に小学3年生で合格**した生徒がいます。しかも、**入塾後わずか87日で、初挑戦の準1級合格という快挙**をなしとげました。

F.K.さんの準1級合格時スコア

受験級	総合合否
準1級	**合格**
4技能総合スコア	4技能総合CEFR ※1
2345/3000	**B2**

F.K.さんの英検®準1級受験結果

	英検®CSEスコア	合計	CEFRレベル
Reading	**559**/750		B1
Listening	**585**/750	一次合計 **1796**/2250	B1
Writing	**652**/750		B2
Speaking	**549**/750	二次合計 **549**/750	B2

	一次	二次
合否	**合格**	**合格**
英検®バンド	GP1 +1	GP1 +2
合格基準スコア	1792	512

Reading	**20/41**問
Listening	**19/29**問
Writing	**14/16**点
Speaking	**28/38**点

なぜそんなことが可能だったのでしょうか?

小学3年生のF.K.さんは、多くの子供たちと同じように、幼いころから英語を習っていました。兄が通う英会話教室についていくようになったのがはじまりで、その後も別の教室や個別・オンライン塾などで英語の勉強をつづけた結果、小学2年生で英検®2級を取得しました。それだけでもすごいことですが、「2級まではスムーズに取れたんですけど……」と、F.K.さんのお母さんは言います。

「英検®対策をしている英語教室で、中学生と高校生ばかりのグループ授業に入れていただいて。娘はがんばって授業についていっていましたが、2級に合格したあと準1級の問題を見たときに、このままグループでつづけても合格は難しいなと思ったんです」

小学生向けの授業ではなかったため、出てくる単語の日本語訳はしてくれても、その日本語の意味まで丁寧に教えてくれるわけではなく、小学生には厳しいと感じたそうです。このままでは準1級合格は難しいと考え、個別授業で英検®対策ができる塾をいろいろと探した結果、クラウドEnglishを見つけて入塾することに決めました。

「若い先生ばかりで最初は不安もありましたが、はじめてみ

ると先生方がすごく褒めてくれるので、どんどん自信がついていったようです。入塾して2か月目くらいに、できるようになってきた感覚がありました。ですから、英検®本番でライティングに苦手な問題が出なければ合格の可能性はあるかな、という感じでした」

　試験当日、F.K.さんは緊張することもなく、時間に余裕を持って試験を終えて、結果は見事に初挑戦一発合格。「努力してよかった！」とF.K.さんは笑顔で振り返ります。

「リーディングは最初、自分ひとりでは長文問題が解けなかったんです。それが、**ひとつひとつの文で名詞をカッコでくくったり、動詞に下線を引いたりする方法**を教わってからは、文の意味がわかりやすくなって、いつのまにか解けるようになりました。**質問、本文、選択肢の順に読むといいよ、と教わったのもよかった**です」

　F.K.さんはクラウドEnglishでリーディング対策を進めるうちに、日本語の語彙が増えて、**日本語力も上がった**といいます。出てきた英単語の意味を日本語で丁寧に説明してもらうことで、新しい日本語もどんどん覚えていったからです。

　英単語を覚える方法も、以前はひとつずつゆっくり覚えていましたが、「単語は見た回数が大事」という講師のアドバ

イスを受けて、1日100個程度の単語をとにかく見るという方法を毎日繰り返しました。**写真を見ながら単語を覚える"クイズレット"**だと、ひとりでサクサクできるので、それも効果的だったとのことです。

「リスニングは、オーバーラッピングとシャドーイングで力がついたと思います。クラウドEnglishの授業で練習できたおかげで、準1級のリスニングのスピードについていけるようになりました」

「ライティングは、授業で指摘してもらって文法ミスが減りました。時事問題とかのニュースはぜんぜん観てなかったんですけど、その代わり、過去問題の模範解答を毎日読んで型

I don't think food shortage will be eliminated in the future. I have two reasons to support my opinion. Firstly, recently, climate is changing by the global warming. For example, the glacier melts and that has bad effect to fish. Also, because of the heavy rains and flood, vegetables and grains will be bad. So, I think food shortage will do not eliminate. Secondly, there is still have a large gap between country situations. There have many conflict about food shortage. Because of this, I don't think that it is easy to solve this food shortage ploblem. Because of these reasons above, I don't think food shortages will be eliminated in the future.

入塾時のライティング

を覚えました。書く内容は、わりとアイデアを思いつきやすいほうなので、自分で考えた内容を書きました」

　小学生にはテーマが難しすぎるといわれる準1級のライティングですが、F.K.さんは単語力をつける、ミスで減点されない英文を書く、文章構成のパターンを覚えるといった方法でライティングスキルを伸ばし、4技能のなかでもライティングで最も高いスコアをマーク。第4章で後述するように、

Although government are making efforts to improve public safety, it is not enough. So, I agree that more needs to be done to improve public safety. I have two reasons to support my opinion.

First of all, since SNS become popular, the number of SNS-related crimes has increased. People sometimes have their personal information stolen on SNS. Also, some people are kidnapped by people who contact on SNS. So, they should find methods to avoid these crimes.

Second of all, these days, accidents between cars and pedestrians are rising. For example, drivers who are drunk cause accidents frequently. Hence, government should make strict laws and rules about cars.

Because of these reasons that SNS-related crimes are increasing and accidents are occurring frequently, I agree that more needs to be done to improve public safety.

準1級に合格する直前のライティング

英検®ではライティングが合否の大きなカギを握ります。F.K.さんも、「準1級の合格はライティングにすごく助けられた」と感じているそうです。

「スピーキングでは、なるべく**同じことばを繰り返さないで話す練習**をしました。たとえば、文をつづけるときに、For exampleだけじゃなくて、ほかの接続詞を使うと聞きやすくなると教えてもらって、そういう練習をしたのがよかったと思います」

F.K.さんの準1級合格は、もちろん積み重ねてきた努力があってのことですが、クラウドEnglishに入塾後わずか87日で一発合格した背景には、クラウドEnglishで指導している内容をすべて実践してくれたことがあったのではないかと思います。

さて、準1級の勉強が終わって「暇になっちゃった」というF.K.さん。小学4年生からは通塾をはじめる予定ですが、余裕があればこのまま英検®の勉強をつづけて、ぜひ1級にも挑戦したいと考えているそうです。

いまはまだ将来の具体的な夢や目標があるわけではないようですが、どんな道に進むにせよ、小学3年生で準1級を取得したというメリットの大きさは計り知れません。中学、高

校、そして大学受験の勉強が格段に楽になりますし、推薦で
大学に行くとしたら、それこそ大きな武器になります。

　そして、わたしがクラウドEnglishの塾長としてなにより
うれしく思うのは、F.K.さんが自信をもって「自分でがんば
れた！」と思ってくれていること。それこそクラウド
Englishが目指すところであり、F.K.さんはきっと、これか
らも自分のための努力をつづけ、夢や目標が見つかったとき
にも自分の力でそれをつかんでくれると確信しています。

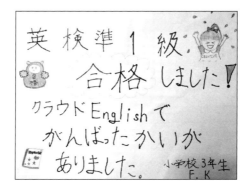

❖ 3か月で準1級！ 英検®と評定で 早稲田に推薦合格　C.I.さん（高校3年生）

　指定校推薦での大学進学を考えていたC.I.さん。クラウドEnglishで英検®の勉強をはじめた高校2年生の時点では、明治大学ぐらいに行けたらいいな、と思っていました。ただ、英語に対しては苦手意識を持っていたと言います。

　「英語より数学のほうが得意でした。中学のころは英語もできてたんですけど……。高校にはいると、仮定法のようなわかりにくい文法だとか、複雑な構造の文が出てきたりして、とたんにつまずいてしまいました」

　「中学生時代は勉強時間をひたすら英語と数学に費やしていたので、英語も成績を維持できていました。それが高校になると、"あれ？　解けない！"という感じになって、成績も落ちてしまって。英語、どうしよう……と思っていました」

　大人数授業の塾は苦手というC.I.さん。大手の大学進学予備校にも行ってみましたが、これでは高校の授業と変わらないと感じました。指定校推薦を取るためには英語をどうにかしなければいけない、英検®にも受からなくてはいけない。でも、どうやって？

「そんなときに、親が見つけて薦めてくれたのがクラウド Englishでした。自分の都合のいい時間、夕食後でも夜遅めでも、自分が勉強時間を確保できるタイミングでマンツーマンの授業を受けられて、気になったことをその場ですぐに聞ける。それがすごくありがたかったです。あれだけの情報量は、とてもじゃないけど大人数授業を受けただけでは得られませんでした」

　クラウド Englishで英検®の勉強をはじめる前のC.I.さんは、文法のほうがまだ得意、長文読解は大の苦手という状態でした。ところが、マンツーマン授業で疑問をその都度解消し、コツをつかんでいくなかで、長文読解のほうがはるかに得意になったそうです。

「長文は "飛ばし読み" ができるようになりました。最初にざっと読む時点では、文の構造は気にしません。わからない単語は飛ばします。わかる単語を拾って読みながら、なんとなく頭のなかでストーリーを作っておくんです。それから、わからなかったところだけをもう1回読むと、"あ、こういうことだったのか" となります。それで、問題を解くときにもう1回その部分を読むと、解答の根拠が見つかっていくんです」

　英検®では、長文を一文ずつ正確に理解しようとしながら

読んでいると、時間が足りなくなってしまいます。ですから、英検®対策の勉強では時間を計って演習に取り組み、わからないところは飛ばしておいて、演習が終わったあとできっちり説明を受けるなり、単語を調べるなりして問題を解消していきます。そうした訓練を重ねることで、C.I.さんは長文問題のスキルを飛躍的に伸ばしていきました。

「英検®や共通テストの長文は、先に"飛ばし読み"でおおまかに内容をつかんだほうが、圧倒的に正答率が高いんです」

　苦手だった長文が得意になったC.I.さんは、3か月という短期間で見事に英検®準1級を取得。これで指定校推薦の獲得にぐんと近づきました。志望校もランクを上げて早稲田大学商学部に決定。推薦での大学進学に向け、早い段階で準1級に合格したことのメリットは、ことのほか大きかったようです。

「推薦でも共通テストを受ける必要がありましたが、共通テスト用の勉強をあまりしていなくても点数が取れるようになっていました。そのなかでもいちばん点数が高かったのが、クラウドEnglishで長文を鍛えたリーディング。もし早い段階で英検®の勉強をせず準1級に合格していなかったら、推薦入試の直前まで英語の勉強に時間を割かないといけなかっ

ただろうと思います」

　指定校推薦では、在学している高校で評定をしっかり取っておくことが不可欠です。特に人気の高い早稲田大学商学部の場合、指定校推薦を獲得するには評定平均4.3以上が必要といわれています。C.I.さんも高校2年生のときからずっと評定を気にかけて勉強してきましたが、クラウドEnglishで学んで早めに英検®準1級を取得し、それ以降は英語に割く時間を大幅に減らすことができたので、勉強時間をほかの科目にあてられるようになりました。

　最終的な評定が出たのは高校3年生の8月。必要とされる数値を大幅に超えた、ほぼパーフェクトな評定でした。そして無事に推薦枠を獲得。晴れて早稲田大学商学部に合格しました。

　実は、C.I.さんの高校では、先生が驚くほど指定校推薦を狙っている生徒が多かったといいます。共通テストの難化が影響し、もともとは国公立志望だった生徒が私大志望へ流れ、そのなかで指定校推薦枠の獲得競争が激化したとのこと。そんななかでも当初の志望校よりランクを上げて、見事に推薦合格を果たしたC.I.さん。早い段階での英検®準1級取得が大きな勝因だったことは間違いありません。

「高校3年になってから、学校のクラスは習熟度別で、まわりには東大や京大を目指している生徒がいました。すごいな、とは思っていましたが、それでも自分がぜったいに追いつけない感じはなかったんです。いっしょに勉強しているという感覚。英語に関しては、まったく不安はありませんでした」

　地方で暮らすC.I.さんにとって、クラウドEnglishを通して推薦入試情報や合格者の体験談など、リアルで信憑性の高い情報に多く触れることができたのも、モチベーションを維持したり、効率よく勉強を進めたりするうえで役に立ちました。地方の高校から首都圏の大学進学を目指す場合、地元にいながらにして、実際に首都圏の大学に通っている学生や卒業生から生の声が聞けるというのも、完全オンライン塾のクラウドEnglishならではのメリットです。

　春から早稲田の学生として、東京で新生活をはじめるC.I.さん。英検®と推薦獲得のための勉強を通して身につけた"努力のしかた"と確かな自信を礎に、これから何に挑戦し、どんな道を切り開いていってくれるのか、わたしも楽しみでなりません。

❖ 英検®バンド「-6」から3か月で2級に 余裕の合格　Y.I.さん（中学3年生）

英検®バンドとは、第4章で詳述するCSEスコアにもとづいて、英検®を受験した人の"合格までの距離"を示したものです。

たとえば英検®2級の場合、一次試験の合格基準となるCSEスコアは1520点。このスコアまでの距離を25点刻みに区切り、合格までの距離があと25点以内なら英検®バンドは「-1」、そのひとつ下（あと26〜50点で合格）なら「-2」となります。このように英検®バンドがマイナスなら不合格。逆にプラスなら合格で、「+2」なら合格基準点を26点〜50点うわまわって合格したことになります。

Y.I.さんが中学2年生の冬にはじめて英検®2級を受けたとき、結果は残念ながら不合格で、この英検®バンドは「-6」でした。つまり、合格ラインまで125点以上もスコアが足りなかったのです。すでに準2級には合格していたY.I.さん。それなのに、なぜ2級合格までの距離がそんなに遠かったのでしょうか。

ひとつ下の準2級に受かるまで、Y.I.さんは別の塾で勉強

していました。準2級は高校中級レベル。中学生のY.I.さんはまだそこまでの文法を学校で習っていないので、単語とイディオムだけを覚えて準2級を乗り切ろう、というのがその塾の指導でした。それまでに独学で勉強していた成果もあって、準2級は2回目の受験で無事に合格。ただ、受かりはしたものの、ほんとうに準2級の実力がついていたかというと、それは自信が持てませんでした。そこで、つぎの2級に挑戦するときには塾を変えることにしました。

　ところが、英検®2級対策で最初にはいった塾は、手応えがまったく感じられませんでした。10時間以上ひたすら講義を聞いて、あとは残りの時間で市販の問題集に自分で取り組むという形態。英語は得意科目だったY.I.さんですが、これではぜったい2級には受からないと思っていたそうです。

　その状態で初挑戦した英検®2級。それが英検®バンド「-6」の不合格だったのです。その結果を見て、せっかく勉強したのにくやしい……とは思いませんでした。その塾では講義を聞いているだけで、がんばって勉強した実感がまったくなかったからです。

「不合格のあと、2級にもう一度挑戦したい、と母に伝えました。でも、その塾では合格できない。独学でも無理。それで、母が調べてクラウドEnglishを見つけてくれました」

お母さんはそれまでの経験から、クラウドEnglishに対しても不安がなかったわけではありません。ですが、当時を振り返ってこう話してくださいました。

「最初の面談の印象は悪くありませんでした。手厚い塾だと感じたので、こちらにお任せすれば大丈夫なんじゃないかなと。それからは特に不安もなく、あとは本人しだいだと思っていました」

Y.I. さん自身はクラウドEnglishに入塾後、自分の成長をいちばん実感できたのがライティングだったと言います。

「それまでの塾では自分のライティングを採点してもらう機会がなかったけれど、クラウドEnglishでは自分が書いたものをたくさん採点してもらい、間違ったところも丁寧に解説してもらえて、身についているという実感がありました。授業はマンツーマンだけじゃなくて生徒が2人や3人のこともあったので、ほかの人の表現を真似られたのもよかったです」

この、ほかの人のいいところを見つけ、自分から進んでそれを取り入れていけるのが、Y.I. さんのすばらしいところです。いいと思ったものはどんどん吸収し、間違えてもいいからやってみる。失敗しても、それを糧に成長できる。そんな

強みを持つY.I.さんは、みるみるうちに力をつけていきました。

「授業以外に自分で書いた英作文も提出していいよ、と先生から気軽に言ってもらえたので、何回も提出して見てもらいました。リーディングでは、毎回の授業でいろんな解き方のコツを教えてもらって、やりやすいものは取り入れて実践しました」

そうやって勉強をつづけるうち、リーディングの授業では演習の正答率が100％にまでアップ。クラウドEnglish入塾後3か月、成長を実感して「今回はいける！」と自信がついたところで英検®2級を受験……するはずだったのですが、なんとコロナの濃厚接触者になってしまい、受験を断念せざるをえなくなりました。

約1か月後の英検S-CBTにあらためて申し込んだものの、クラウドEnglishの授業はすでに終えていたため、モチベーションをどうやって保とうか、という状態。そこで再度、試験直前の2週間だけクラウドEnglishに復帰して、今度は無事に受験、そして合格を果たしました。

前回の受験では英検®バンド「-6」だったのが、今回は4技能あわせて合格基準を127点もうわまわる余裕の合格で

した。

　スコアもさることながら、Y.I.さんはクラウドEnglishで学んだことで問題を解く技術を身につけ、それまでに英検®を受験したときにはなかった「わかる！」「できる！」という感覚で英検®本番に挑めたことがうれしかったそうです。試験を終えたあとの手応えも、それまでとは全然違っていました。

　クラウドEnglishで学ぶからには英検®に受かることが大前提。ですが、ただ受かるのと、「できるようになった」「成長した」という実感を持って受かるのとではまったく違います。クラウドEnglishで英検®2級対策の勉強をしていたY.I.さんは、学校の授業も進んでいくにつれて、まるで点と点がつながって線になるかのように、2級の文法も頭のなかでつながっていき、「わかる！」を実感できるようになりました。これはクラウドEnglish塾長のわたしとしても非常にうれしいことです。

　そしてさらにうれしいことに、Y.I.さんは英検®2級の受験前、「もし2級に受からなかったとしても、学んだことは必ずつぎにつながる」と考えていたといいます。「ゴールは英検®じゃない。高校卒業レベルの2級の勉強をしたんだから、高校では英語の勉強が楽になるし、必ずこれから先に役立つ

と思う」。Y.I. さんがそう言うのを聞いて、お母さんは驚いたそうです。「わたしは英検®のことしか考えていなかったのに、娘はその先まで考えていたんですね」

　クラウドEnglishは英検®専門の塾ですから、もちろんわたしたちは生徒に英検®に合格してもらうために日々努力を重ねています。けれども、わたしがクラウドEnglishを立ち上げたときの思いは、まさにY.I. さんのことばと同じ、「英検®はゴールではない」でした。英検®だけでなく、ほかの勉強にも、今後の人生で必ず訪れる壁に立ち向かうときにも、どうやってモチベーションを保ち、どうやって自分のための努力をつづけていくかといった、クラウドEnglishでの学びを活かしてほしい。その思いをY.I. さんが体現してくれたことを心からうれしく思います。

　しっかりと自分の成長を実感しながら英検®2級に合格したY.I. さんにとって、中学の英語の勉強は朝めし前。テストは毎回満点だそうです。クラウドEnglishではこれから役立つ学びがいっぱいあったというY.I. さんは、春から高校生になり、準1級合格に向けて英検®の勉強を再開する予定です。

　「1回の授業で得られることは多いと思うので、いろんなことを吸収してがんばってください」──これから英検®2級に挑戦するクラウドEnglishの生徒たちに向けて、Y.I. さんが

贈ってくれた合格者メッセージです。Y.I.さん自身、そのすばらしい "吸収する力" を活かして、これから準1級、そしてその先へと、さらに大きく成長していくことでしょう。

Y.I.さんの2級合格時スコア

受験級	総合合否
2級	**合格**
4技能総合スコア	4技能総合CEFR
2107/2600	**B1**

Y.I.さんの英検®2級受験結果

	英検®CSEスコア	合計	CEFRレベル
Reading	**533**/650		B1
Listening	**510**/650	一次合計 **1621**/1950	B1
Writing	**578**/650		B1
Speaking	**486**/650	二次合計 **486**/650	B1

第3章

クラウドEnglishの「生徒を勝たせる」コーチング

∴ 「できる！を気づかせ、思いを叶える」
　日本でいちばん生徒に寄り添う塾

　クラウドEnglishが英検®対策専門の完全オンライン塾として設立されたのは2020年10月。いわゆる難関大学の現役学生・卒業生が中心メンバーとして運営しているのですが、わたしたちのなかには誰ひとりとして、挫折を経験したことのない者はいません。ひとりひとりにそれぞれの挫折のストーリーがあります。

　海外生活の経験があるメンバーも多くいますが、日本の学校教育を受け、受験を経て大学に進学したわたしたちは、そのなかで挫折し、悩み、考え、そして挫折を乗り越えてきました。そんなわたしたちだからこそ、とことん生徒に寄り添い、徹底的にサポートすることで、生徒が自分の「できる！」に気づき、自信を持って夢や目標を叶えていけるように力を尽くしたいと考えています。

「できる！を気づかせ、思いを叶える」

　これがクラウドEnglishの理念です。わたしたちの「できる！を気づかせる」という理念の根底には、**「教育を変えたい」という想い**があります。

　いま、日本の若者たちのあいだには、すっかり"無力感"が充満しています。小中学生や高校生の本音に耳を傾けると、こんな声が聞こえてきます。

「自分なんかに○○できる気がしない」
「どうせ結果は出ないんだから、やる意味がない」
「そもそも夢や目標なんてないのに、勝手に勉強を押しつけないでほしい」
「勝手に○○しろって言われて、結果が出ないと怒られる」
「自分のことなのに勝手に決められて、意見なんて聞いてもらえない」
「どうせ無理なのに、なんでがんばらなきゃいけないの？」
「学校でも塾でも無理って言われてるのに、めざさなきゃいけない意味がわからない」
「もう勉強なんてしたくない、っていうか、学校も嫌だ」

　大人に「○○しなさい」と言われたことを、子供は素直にがんばってやっているように見えるかもしれません。ですが、本音ではこんなふうに思っている子供が多いのが、いまの日本です。そして大学生のあいだでは、こんな会話が日常的に交わされているのです。

「小さいころから"ゆとり"と言われて、大学生活はコロナで奪われて、若者は"感染源"と悪者にされて……」

「大学生活をまともにすごせなかったのに、急に"あなたの
やりたいことは？"って聞かれても、夢や目標なんてあるわ
けない。何もできなかったんだから」

「がんばったって報われるかどうかわからない。悪いニュー
スしか入ってこないのに、何をモチベーションにがんばれば
いいの？」

「勉強しろと言われたから勉強してきたのに、急に"自分の
人生は自分で決めろ"と言われ、"あなたの意見は？"とか
聞かれるの、マジで意味がわからない」

　**日本の子供・若者の自己肯定感や自己有用感が諸外国と比
べて著しく低い**ことは、内閣府の調査でもはっきりと数字に
表れています。たびたびニュースにもなるので、ご存じの方
も多いでしょう。

　この数字を見るだけでもかなりショッキングですが、クラ
ウドEnglishのメンバーには自身の海外経験からこの"違い"
を強く実感している者が何人もいます。世界には自由な発想
でスケールの大きな夢を描き、自信を持ってその夢を実現し
ようと努力している若者が日本より確実に多くいます。その
違いは何でしょうか？

　彼らは「できる」という成功体験を積み重ねてきました。一
方でわたしたちは「できない」を突きつけられてきたのです。

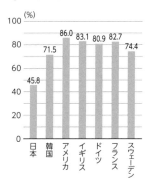

自分自身に満足している

（注）「次のことがらがあなた自身にどのくらいあてはまりますか。」との問いに対し、「私は、自分自身に満足している」に「そう思う」「どちらかといえばそう思う」と回答した者の合計。

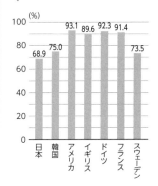

自分には長所がある

（注）「次のことがらがあなた自身にどのくらいあてはまりますか。」との問いに対し、「自分には長所があると感じている」に「そう思う」「どちらかといえばそう思う」と回答した者の合計。

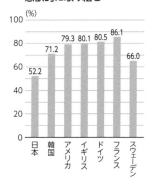

うまくいくかわからないことにも意欲的に取り組む

（注）「次のことがらがあなた自身にどのくらいあてはまりますか。」との問いに対し、「うまくいくかわからないことにも意欲的に取り組む」に「そう思う」「どちらかといえばそう思う」と回答した者の合計。

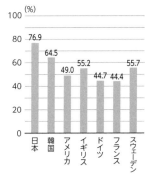

つまらない、やる気が出ないと感じた

（注）この1週間の心の状態について「次のような気分やことがらに関して、あてはまるものをそれぞれ1つ選んでください。」との問いに対し、「つまらない、やる気が出ないと感じたこと」に「あった」「どちらかといえばあった」と回答した者の合計。

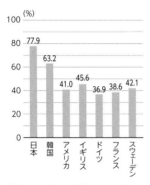

·ψ· ゆううつと感じた

(注)この1週間の心の状態について「次のような気分やことがらに関して、あてはまるものをそれぞれ1つ選んでください。」との問いに対し、「ゆううつだと感じたこと」に「あった」「どちらかといえばあった」と回答した者の合計。

（出典：内閣府「子ども・若者白書」平成26年版）

　日本のこれからを担う子供や若者が、「どうせ○○できない」という発想から脱却し、「自分にはできる」という自信を持って夢や目標に向かっていけるようにするには、どうすればいいのでしょうか？　この問いに対するわたしたちの答えはただひとつ、「教育」です。

　自信を失った子供たちにどこまでも寄り添い、ひとつずつ成功体験を積み重ねられるようサポートすること。「やらされる努力」ではなく「やりたい努力」を通して、生徒が心の底から「自分のためにがんばれた！」と思えるようにすること。「失敗が怖いからやりたくない」から「失敗できた、一

歩進めた！」へシフトし、挑戦する楽しさ、成長する喜びを味わえるようにすること。そして、<u>自分の「できる！」に気づき、自信を持って「思いを叶える」努力を一生つづけていけるようにする</u>こと——。

それがわたしたちの考える教育であり、それを本気で実践しているのがクラウドEnglishです。

✦ 生徒の「思い」を引き出し目標を明確化する、きめ細かな入塾面談

繰り返しになりますが、「できる！を気づかせ、思いを叶える」の理念を実践しているクラウドEnglishは、英検®取得に特化した「英検®専門塾」です。楽しく英語を学ぶ「英会話スクール」でもなければ、講義型の授業で英検®に備える「英検®対策の塾」でもありません。ほんとうに英検®に合格したい人が本気で勉強に取り組み、3か月という短期間で、ほんとうに合格するための塾です。

ですから、<u>英検®合格に必要のないことは一切やりません</u>。合格に必要なことだけを戦略的に、集中的に学びます。英検®に精通したスタッフ・講師陣が生徒を徹底的にサポート

し、最短ルートで合格に導きます。

とはいえ、勉強するのは生徒自身。「やらされる勉強」では大きな成果は見込めませんから、ほんとうに短期間で英検®に合格するには、生徒自身の本気の努力が必要になります。これまでに多くの生徒の「超・スピード合格」を実現してきた経験からはっきり言えるのは、**目標が明確な生徒ほど合格が早い**ということです。生徒自身の「○○したい、○○になりたい」という目標は、毎日の勉強を進めていくために不可欠な燃料です。この燃料なくして大きな前進は期待できません。

「目標」といっても、なにも「医師になって多くの命を救いたい」だとか、「JAXAに入って宇宙開発に携わりたい」といったような、大きな目標である必要はありません。シンプルに「○○大学に行きたい」でも構いませんし、「友だちが英検®○級に合格したから自分も合格したい」、あるいは「自信のない自分を変えたい」でも構いません。その目標を達成するためにみずから努力し、成功体験を重ねていくなかで、必ずつぎの目標が芽生えていきます。

いまの若者や子供たちからは、「やりたいことがない」「夢や目標なんてない」ということばをよく聞きます。ですが、それは**「やらされる」ことに慣れ、自分の「やりたい」こと**

<u>がわからなくなっているにすぎません</u>。「どうせ無理」とあきらめてしまっているケースも少なくありません。

誰にでも、「ほんとうは○○をやってみたい」「できることなら○○したい」と思う"何か"はあるものです。クラウドEnglishは生徒のそうした"思い"を丁寧に引き出し、その"思い"を応援し、それを"目標"として生徒がモチベーションを維持できるようにサポートします。

クラウドEnglishへの入塾をご検討いただいている方には、オンライン面談でまず「<u>なぜ英検®を受験するのか</u>」をお聞きしています。ほかの塾ではなく、なぜ「英検®取得に特化した塾」で短期間の英検®合格をめざすのか。「英検®合格」をどう使うのか。学校の状況や現在・将来について、何を感じ、何を思っているのか。そういった話をじっくり聞きながら、生徒本人と保護者、スタッフ・講師がいっしょになって目標達成へのロードマップを描いていきます。

こうして入塾前に面談をおこなったあと、実際に入塾していただいた場合は、ロードマップに沿って技能を伸ばす授業を受けながら、<u>**"コーチング"面談**</u>で目標に向けてのモチベーションを高めていきます。この"コーチング"について、つぎに詳しく説明しましょう。

❖ 「3時間100日」の
  モチベーションを保つ戦略

☆ひとりひとりに寄り添ったコーチング

　クラウドEnglishに入塾した生徒は、4技能別（リーディング、リスニング、ライティング、スピーキング）の授業を受講し、また、講師と“コーチング”面談をおこないます。

　この専属講師は、**マラソンを走る選手にスタートからゴールまで並走するコーチのようなもの**。入塾から合格まで苦労と成長を生徒とともにし、生徒がモチベーションを保ちながら主体的に勉強を進めていけるよう徹底的にサポートします。具体的には、つぎのようなかたちで生徒と深くかかわります。

◇その生徒の現在の忙しさ、生活習慣、達成したい目標に応じて、完全にパーソナライズされた学習管理表を作成する。
◇勉強スケジュールを月単位、週単位、1日単位、分単位まで落とし込んで進捗を管理していく。
◇毎日チャット上で生徒とやり取りし、実際にどのような学習をおこなったか、どのような悩みが生じたか、翌日に向けて何に取り組んでいくのかを報告してもらい、軌道修正を図っていく。
◇合格目標から逆算して現時点で何が足りていないかを洗い

出し、つぎの学習に反映させていく。

◇面談で進捗を確認し、4技能すべての学習方法を丁寧に伝授していく。

◇だらけたりモチベーションが下がったりしないように、メンタル面をサポートする。

◇生徒の成長をしっかり把握し、「できる！」を気づかせる。

英検®に関してここまでのコーチングができる塾は、少なくとも現時点ではクラウドEnglish以外にありません。ひとりひとりの生徒にとことん寄り添い、英検®合格を成功体験として生涯の自信につなげてほしいと願うクラウドEnglishだからこそ、その生徒に合った戦略的なコーチングで生徒を「勝たせる」ことができるのです。

☆超実践的・超アウトプット型の授業

英検®はどれか1技能だけずば抜けて高得点でも合格することはできません。4技能全体で点数をとる必要があるため、すべての技能の底上げを図りつつ、最短ルートで合格をめざします。

授業では、**いわゆる"講義"はおこないません**。生徒が黙ってただ講師の説明を聞きつづけるといったことは、クラウドEnglishの授業ではほぼ皆無です。コーチングで管理された内容について、徹底的に演習を解いていく超実践的な授業

をおこなっています。

　授業内では、英検®を知りつくした講師が演習の解き方と具体的な攻略法を伝授。いきなり問題に取り組み、たとえまったく正解を出せなかったとしても、生徒が答えた内容をもとに講師がつきっきりで指導し、生徒が自力で正解にたどりつき、英検®の試験時間内に点数を稼げるようにしていきます。

　演習はどんなに間違えても失敗しても構いません。とにかく解いてみる、アウトプットしてみるところからスタートです。解いたらすぐに振り返り、何をどのように間違えたかを講師といっしょに確認します。つまり、即演習・即振り返りの授業。すべて"その場"で完結するのが、この授業の最大の特徴です。

　また、間違えた問題については正解を聞いて終わり、ではありません。類似の問題が出たときに自分で正解できるように、解き方をしっかり確認し、必要に応じて毎日の学習内容も調整していきます。

　この「毎日の学習内容」について、少し補足説明をしておきましょう。

　クラウドEnglishの授業だけでは、勉強時間が足りず英検®に合格できるはずはありません。英検®合格に必要な勉強時間は、2級取得者が準1級を目指す場合、「3時間100日」ですから、授業以外の時間も使って勉強を進める必要があります。そうした授業以外の勉強も含めて学習管理表を作成し、それに従って生徒自身が勉強していくことになります。

　ただし、授業以外の学習は、机にすわってやる学習ばかりとは限りません。第2章に登場した生徒のように、**"すきま時間"をうまく活用してやる勉強**もあります。実際、この"すきま時間"をどれだけ活用できるかによって、合格までの期間が変わってきます。"すきま時間活用法"などについても、授業内やコーチング面談で具体的に紹介しています。

　クラウドEnglishの授業については、第2章に登場した生徒たちも語ってくれていますので、ここでは保護者の方々の感想を少し紹介しておきましょう。

「以前は勘に頼っていた部分がありましたが、確信を持って答えられるようになりました。かなり効率がよかった気がしています。自分ひとりで勉強していたら、これほど早く英検®を突破することはできなかったでしょう」（保護者様）

「受けさせてよかった。いままで会ったことのない先生ばか

りでした。興味津々で受けることができ、問題を解くテクニックを教えてもらいました。英作文のテクニックなどは、ほかの塾ではなかなか教わりません」（保護者様）

☆徹底的な数値化

　さて、学習管理表で毎日の勉強を管理していると聞くと、それこそ「やらされる勉強」ではないかと思う人がいるかもしれません。ところが実際は、**生徒に"やらされ感"は一切なく、それどころか生徒みずから積極的に学習管理表に従って勉強をどんどん進める**ケースがほとんどです。

　なぜなら、学習管理表は講師が勝手に作成して生徒に押しつけるものではないからです。面談を通して生徒の思いを引き出し、めざす目標をいっしょに確認し、その目標を叶えるために作成されるのが学習管理表。それが合格へのロードマップであり、目的地にたどりつくために生徒と講師がいっしょに確認する"地図"だからです。

　そしてもうひとつ、最短のルートでゴールするための重要なポイントが、徹底的な数値化です。この「数値化」ということばは、ともすると「数字で管理される」といったネガティブな印象を与えがちですが、実はこの**数値化こそが、生徒自身のモチベーションを高める源**になっているのです。

英検®の結果は合否だけでなく、問題ごとの正解／不正解や、技能別の配点と得点までが「個人成績表」に記載されています。それを分析すると、単語・熟語の知識、長文の文脈理解、会話の理解といったような要素ごとに、配点のうち何点をとれているかや正答数がわかります。

クラウドEnglishではこの要素分析を徹底的におこなったうえで、授業で取り組む演習のなかで生徒がどれだけ点数をとれているかを数値化し、生徒と共有しています。第1章で「勉強の成果は数字でしか測れない」と書きましたが、それは裏を返せば「勉強すれば成果が数字に表れる」ということです。

クラウドEnglishの生徒は、自分が何をどれだけ勉強したかわかっています。学習管理表を見れば、どの内容をどれだけ勉強したかが分単位でわかるからです。そして、その結果がどれだけの点数アップにつながったかも、授業の演習から数値として明確にわかります。つまり、努力と成果が「見える化」されているわけです。

努力が成果に表れるというのは、誰にとってもうれしいものです。本気で努力するだけでも本人には手ごたえが感じられるものですが、その成果をはっきり数値で確認できれば自信が生まれます。さらに、講師が努力と成果をしっかりおさ

えたうえで、褒めるべきところは褒め、生徒に「できる！」を感じさせながら、足りない部分に対するアプローチもおこなっていきます。**あと何をどれだけやれば合格できるかも生徒自身が数値で把握できる**ため、講師と相談しながら主体的に学習を進めていくことができるのです。

このようにして、生徒は毎回の授業で小さな成功体験を積み重ねていきます。その過程で自然とモチベーションが高まり、努力のしかた・勉強方法もわかってきます。すると、さらに努力する→さらに数値が上がる、という好循環が生まれて、それが英検®合格という大きな成功体験へとつながっていくのです。

クラウドEnglishでは、この徹底的な数値化、そして前述のコーチングと授業によって、ほとんどの生徒が3か月で英検®に合格しています。ただ、ほんの数％、もっと長く時間のかかる生徒がいることも事実です。保護者が子供のことを何でも決めてきたような場合はそうした傾向が強いのですが、ページ数にも限りがあるため、この点については深入りせずに、次章ではクラウドEnglishの具体的な授業内容を少し紹介したいと思います。

第4章

クラウドEnglishの英検®「超・スピード合格」戦略

～3か月で合格するための裏技7か条～

第4章のポイント

その1　英検®の受験チャンスを増やすべし

▶ 英検®は1年に最大9回受験できる。とにかく受験機会を増やせ。

その2　英検®はまず、しくみから理解すべし

▶ 英検®は「CSEスコア」がすべて。
特にライティングは得点1点で獲得できるCSEスコアが非常に大きい。

その3　英単語は反復で覚えるべし

▶ 英検®準1級で必要な単語数は9,000語。
「書いて覚える」では間に合わない。
「見たことがある」回数を増やし、毎日かかさずやること。
"寝る前30分"がオススメ。

その4　リーディングは予測で解くべし

▶ タイトルの単語から本文の内容を予測せよ。
そして質問文の名詞と動詞を確認し、質問に対する答えを予測せよ。

～英検®「超・スピード合格」の裏技7か条～

その5　リスニングはシャドーイングで鍛えるべし

▶ 人が聞きとれる音声の速さは「自分で話せる速さ」
が限界。
オーバーラッピング（音声を聞きながら、スクリプトを見て音読）で鍛えよう。
問題なくできたら次はシャドーイング。
お風呂でやるのがオススメ。
教材はレベルが高すぎるものを選ばない＆必ずスクリプトのあるものを選ぶこと。

その6　ライティングはシンプルに書くべし

▶ 同じ単語を何度も使いすぎると評価が下がる。
「使える」フレーズをストックしておくこと。
難しい文章を書こうとしないこと。ミスが増える。

その7　スピーキングは「つなげる」発想を強化すべし

▶ 設問のイラストから読み取れることをディスカッションしたり、登場人物の行動や表情に注目して文章を作る練習をする。「つなげる」発想が大事。
「もしそうだったら、どんないいこと（悪いこと）があるか」を考え、そこからさらに「どんないいこと（悪いこと）があるか」とアイデアをつなげよ。
「通学中に目にはいった情景を英語で描写する」「自分の部屋で机の上に何があるかを説明する」のもいい。
スマートフォンの録音機能などを使って自分の声を録音するのも◎。

❖ より効率的に、もっと効果的に——進化するクラウドEnglishの授業

　受験において英検®がきわめてコストパフォーマンスの高い闘いだというのはすでに述べたとおりですが、このコストパフォーマンスをギリギリまで高めるには、可能なかぎり効率的に勉強して短期間で合格するための戦略が必要不可欠です。

　この章では英検®の戦略として、**クラウドEnglishが実際に授業で指導している英検®攻略法——「超・スピード合格」の裏技7か条——**を紹介します。

　その前に、まずクラウドEnglishの授業について少し説明しておきましょう。

　クラウドEnglishでは、これまで4技能（リーディング、リスニング、ライティング、スピーキング）それぞれに特化した講師が技能別授業をおこなってきました。生徒はこの技能別授業を選択して週に1〜2回ずつ受講し、それに加えて週1回のコーチング面談を受けるという方式です。

　この方式で数多くの合格者を出しながら、クラウドEnglish

では生徒のさまざまなデータ（勉強の内容／時間、取得スコア、正答率、合格までの期間など）と各講師の評価（内部基準に沿った能力評価）を蓄積・分析してきました。その結果を踏まえ、クラウドEnglishはこれまでの方式を大きく転換することにしました。

まず、技能別授業をなくし、代わりに**4技能すべてを高いレベルで指導できる優秀な講師が授業を担当。コーチングも授業内でおこないます**。

生徒は授業のない日も**学習管理表に沿ってアプリで学習し、学習の内容や時間もアプリ内で管理**。授業では講師がその進捗を踏まえて学習面・メンタル面をしっかりサポートしつつ、その生徒にいま最も必要な内容を指導します。この極限までパーソナライズした授業とコーチングで、生徒の現状と合格に必要な要素を正確に把握し、最短ルートで合格へ導きます。

これまで実績を上げてきた授業方式を変えてまでクラウドEnglishがこのような転換を図るのは、前述のデータ分析の結果から、きわめて優秀な講師がコーチングに注力した場合に学習効果を最大化できることが明らかになったからです。この方式に転換し、さらにコーチングを充実させることで、より多くの生徒が、より短期間で、より確実に成果を上げら

れることをデータが証明しています。

　このような徹底したデータ分析と効果測定を活かして進化しつづけるのも、クラウドEnglishの大きな特徴です。学習の効率と英検®取得のコストパフォーマンスを最大限に高めるために必要な変更をスピーディに実施できるのは、英検®対策に特化した完全オンライン塾のクラウドEnglishならでは。そして、クラウドEnglishが「**英検®はあくまでも通過点。その先の夢や目標までサポートしたい**」と考える塾だからです。

❖ 英検®の「やってはいけない」勉強法

　英検®の勉強をする場合、ほとんどの生徒がほかの勉強や部活との両立で苦労します。1～2年かけて合格する計画を立て、忙しい毎日のスケジュールに英検®対策をなんとか詰めこんでも、大多数の生徒は途中で挫折してしまいます。

　忙しい生活のなかで英検®の勉強はどうしても優先順位が低くなりがちですから、長い期間をかけて取り組もうとすると挫折しやすくなるのは当然です。まず期間を決めて集中的に英検®の勉強をすることで、挫折せずに合格できる可能性

は格段に高くなります。

　そしてもうひとつ、挫折せずに超・スピード合格を勝ち取るうえで最大のポイントは、「やるべき勉強」ではなく「やってはいけない勉強」に目を向けることです。

　やってはいけない勉強、それは非効率的な勉強です。英検®は日本国内の民間英語検定試験としては最大の試験なので、英検®に関する情報はいたるところにあふれています。参考書や問題集は無数にありますし、ちょっと検索すれば英検®の勉強法も無限に出てきます。たくさんありすぎて何をすればいいのかわからなくなり、やる気をなくしてしまう。あるいは、あれもこれも役に立ちそうに見えるので、いろいろなものに手をつけて結局は不合格になってしまう。どちらもよくあるパターンです。

　たとえば、**単語を暗記するのに何回も書いて覚えようとする人がいますが、これはとても非効率的な方法**です。書いて覚えられる単語数はせいぜい1日50語程度ですが、**準1級で必要な単語数は9,000語**。高校3年間で習う単語の3倍です。1日50語ペースでやっている場合ではありません。

　こうした非効率的な方法は徹底的にそぎ落とし、効率を追求した方法で勉強する必要があります。

また、英検®は4技能に分かれていますが、**やみくもに4技能すべての点数を上げようとしても、実は意味がありません**。限られた時間をどこに配分するのか。どの技能の、どの大問のスコアを上げれば合格できるのか。それを考えたうえで戦略を立て、最も効果の大きいところに時間とエネルギーを注ぐことが、短期間で合格するためには不可欠です。

　あらゆるムダや「やってはいけない勉強」をそぎ落とし、英検®合格にほんとうに必要なことだけを、最も効率的な方法で勉強する。それがクラウドEnglishの「超・スピード合格」戦略です。

　この戦略を具体的な戦術に落とし込んだのが、英検®攻略ハックともいうべき「超・スピード合格」の裏技7か条。この7か条には、英検®を受験すると決めたら真っ先に知るべき内容が集約されています。

⁂ 英検®「超・スピード合格」の裏技7か条

その1　英検®の受験チャンスを増やすべし

その2　英検®はまず、しくみから理解すべし

その3　英単語は反復で覚えるべし

その4　リーディングは予測で解くべし

その5　リスニングはシャドーイングで鍛えるべし

その6　ライティングはシンプルに書くべし

その7　スピーキングは「つなげる」発想を強化すべし

　これがクラウドEnglishの英検®「超・スピード合格」の裏技7か条。英検®には受験のしかたや点のとり方にもコツがあるので、まずその最重要ポイントをしっかりおさえてから勉強をはじめよう、というのが「その1」と「その2」です。「その3」は、誰もが苦労する単語の暗記においてクラウドEnglishおすすめのベストな方法を伝授。「その4」から「その7」は、各技能で効率的にスコアを伸ばすための重要ポイントです。これらをクラウドEnglishが授業で指導している内容とあわせて説明していきましょう。

☆その1　英検®の受験チャンスを増やすべし

英検®は年3回しか受けられないと思っていませんか？

　もしそう思っているなら、いますぐ英検®のサイトで「英検S-CBT」（https://www.eiken.or.jp/s-cbt/）を調べてみてください。

　英検S-CBTは、第1章「そもそも英検®とは？」で紹介したとおり、従来型の英検®と同じ出題形式の試験を、紙の問題冊子と解答用紙を使わずにコンピューターで受けられるというもの。従来型とくらべて試験日が多く、自分の都合に合わせて自由に試験日を選択できるという大きなメリットがあります。

　英検®では1年を3つの期間に分け、4～7月を第1回検定、8～11月を第2回検定、12～3月を第3回検定としています。従来型の英検®で受験できる回数は、各検定回に1回ずつ、1年で計3回までです。

　ところが、**英検S-CBTでは同一検定回内に同じ級を2回まで受験すること**ができるのです。つまり、第1回検定の4～7月のあいだに2回の受験が可能。それに加えて従来型の英検®も1回受けられるので、この期間だけで3回まで受験することができます。年間では3回の検定回があるため、**合計す**

ると1年に最大9回も英検®を受験できるわけです。

つまり、「英検®は年3回」は大間違い。英検S-CBTで受験チャンスは年9回まで増やせます。

また、英検®は一次試験に合格しても別の日に二次試験を受けないといけない、と思っているとしたら、実はそれも間違いです。たしかに従来型は一次試験（リーディング、リスニング、ライティング）と二次試験（スピーキング）で日が分かれていますが、**英検S-CBTの場合は一次試験と二次試験をまとめて1日で終わらせてしまえます。**

1日でスピーキングまですべてが終わる英検S-CBTは、従来型とくらべて格段に早く結果が出ます。結果が早く出れば、つぎの勉強に早く着手できますし、特に受験や進学に向けて英検®合格の期限が迫っている場合はこれが大きなメリットになります。

英検S-CBTはもちろん正式な英検®取得級として入試に活用でき、取得した級やスコアは生涯有効です。また、TOEFLは現在すでにコンピューターでしか受験できなくなっているほか、それ以外の英語検定試験でもコンピューター受験が導入されているので、コンピューターを使って受験する英検S-CBTは今後の英語資格の取得にも活かせます。

コンピューターだからといって、操作に不安を感じる必要はありません。リーディングとリスニングは簡単なマウス操作で解答でき、ライティングは解答用紙に手書きする筆記型かキーボードを使ったタイピング型を選択できます。スピーキングは解答音声を録音する吹き込み式なので、面接だと緊張するという人にはうってつけです。

これだけメリットの多い英検S-CBTを活用しない手はありません。英検®はS-CBTも含めて年9回まで受験可能という前提に立てば、合格までの最短ロードマップを描きやすくなります。

☆その2　英検®はまず、しくみから理解すべし

英検®で最も重要なのは、点数のとり方です。どのように点数をとるかで合否が決まります。どう決まるのか、具体的な例を挙げて説明しましょう。

ふたりの生徒、AさんとBさんが英検®準1級の一次試験を受けた結果、ふたりとも合計点は55点でした（満点は86点）。合計点は同じですが、技能別の得点はつぎのように違っています。

Aさん（不合格）

	得点／配点
リーディング	27／41
リスニング	16／29
ライティング	12／16
合計	55／86

Bさん（合格）

	得点／配点
リーディング	30／41
リスニング	10／29
ライティング	15／16
合計	55／86

　一次試験の合否結果は、Aさんが不合格、Bさんが合格でした。合計点は同じなのに、なぜそんなことが起きるのでしょうか？

　その理由は、「**英検®はCSEスコアがすべてだから**」です。

　CSE（Common Scale for English）スコアとは、**英検®を実施している日本英語検定協会が英語力を客観的に評価するために定めた尺度**で、平均点、全体の受験者の正答率、受験者自身の点数など、さまざまな条件に応じて検定回次ごとに変動します。

　英検®は得点ではなく、このCSEスコアで合否が判定されます。各級の合格基準スコアはつぎのように決まっています。

級	CSE合格基準スコア	
	一次試験	二次試験
1級	2028	602
準1級	1792	512
2級	1520	460
準2級	1322	406
3級	1103	353

　ではここでもう一度、AさんとBさんの受験結果を見てみましょう。こんどは2人のCSEスコアもあわせて記載された表をご覧ください。

Aさん（不合格）

	得点／配点	CSEスコア
リーディング	27／41	574
リスニング	16／29	587
ライティング	12／16	588
合計	55／86	1749

Bさん（合格）

	得点／配点	CSEスコア
リーディング	30／41	587
リスニング	10／29	538
ライティング	15／16	701
合計	55／86	1826

　ふたりのCSEスコアをくらべると、合計スコアがAさんは1749点、Bさんは1826点で、70点以上も違います。準1級の一次試験のCSE合格基準スコアは1792点ですから、それより低いAさんは不合格、それより高いBさんは合格となったわけです。

　合計得点が同じなのに、なぜCSEスコアがこんなに違う

のでしょうか。それは、**得点1点で得られるCSEスコアが技能ごとに違う**からです。

　AさんとBさんのリーディングの得点を見ると、Aさんは27点、Bさんは30点で、その差は3点です。CSEスコアを比較すると、Aさんは574点、Bさんは587点で、13点の違いになっています。つまり、得点1点につき、CSEスコアが約4.3点加算されているわけです。

　では、ライティング（表中の下線部分）はどうでしょう。Aさんの得点は12点、Bさんは15点ですから、これも3点の得点差です。ところがCSEスコアを見ると、Aさんが588点なのに対し、Bさんは701点もあります。その差はなんと113点。**得点1点につき、CSEスコアが約37.6点も加算されている**ことになります。

技能	得点の差	CSEスコアの差	得点1点あたりのCSE
リーディング	3	13	約4.3
ライティング	3	113	約37.6

　つまり、**ライティングでは得点1点で獲得できるCSEスコアが非常に大きい**のです。もちろん、CSEスコアは前述のとおり検定回次ごとに変動するので、得点1点あたりのCSEもその都度変動しますが、ライティングで得点1点の比重が

これだけ大きいことは変わりありません。この例でいうと、リーディングで1点多くとってもCSEスコアは4.3しか上がらないのに、ライティングが1点高いとCSEスコアは37.6も上がります。

　これで、前述した「やみくもに4技能すべての点数を上げようとしても意味がない」「英検®はCSEスコアがすべて」の真意をおわかりいただけたのではないでしょうか。英検®に挑む際、まず単語からと考える人がほとんどですが、それよりも大事なことは、自分の現在地を踏まえたうえで、どの技能をどこまで伸ばせば効率的にCSEスコアの合格基準をクリアできるかを考えることです。そして、**合格戦略として最も有効なのが、得点1点で獲得できるCSEスコアが格段に大きいライティングを得意技能にすること**なのです。

☆その3　英単語は反復で覚えるべし

　前述のとおり、英検®準1級で必要な単語数は9,000語。これにはすでに知っている単語も多く含まれているので、ふつうはこの単語数をぜんぶ新たに覚える必要はありません。それでも、一般的な準1級対策の単語帳に掲載されている単語数は約1,900語もあります。これは、2級まで合格した人が新たに覚える必要のある単語数です。2級対策の場合、一般的な単語帳の掲載語数は約1,700語となっています。

　単語を暗記する場合、書いて覚えようとする人が少なくありません。ですが、これだけの分量を書いて覚えるとなると、とんでもなく時間がかかります。書いて覚えられる単語数は1日にせいぜい50語程度。ひとつの単語に3分かけた場合、50語だと150分＝2時間半もかかります。この方法で1日に50語ずつ覚えていくとしたら、毎日ひたすら単語の暗記だけに2時間半を費やしても、**準1級の1,900語すべてを覚えるのに約40日もかかってしまいます。**

　暗記シートを使って覚える方法もありますが、やはり1日50語程度のペースで覚えていては間に合いません。書いて覚える方法も暗記シートを使って覚える方法も、英検®対策における英単語の暗記方法としてはナンセンス。もちろん単語は覚えなくてはいけませんが、単語だけにそんなに時間をかけるのは非効率的です。

　英検®「超・スピード合格」のポイントは、「いかに時間をかけずに単語を覚えるか」であり、**最も短時間で効率的に覚えられる方法が「とにかく反復すること」**です。

　「Apple」という単語の意味はご存じですよね。「りんご」と答える人もいるでしょうし、iPhoneなどを作っている会社を思い浮かべる人もいるでしょう。もちろん、どちらも正解です。この「Apple」という単語、何度も書いて覚えたわ

けではないはずです。**わざわざ勉強しなくても、いつのまに
か知っていた**──そんな感覚で自然に覚えられたのは、日常
生活のなかで頻繁に見たことがあるからです。

　とにかく「見たことがある」回数を増やすこと。それが、
クラウドEnglishおすすめの単語暗記方法です。あえて覚え
ようとせず、ただ"見る"だけ。ひとつの単語を見る時間は
1秒〜2秒。単語帳の単語をどんどん見て、どんどんページ
をめくっていきます。すると、1,900語の単語帳まるごと1
冊を30分程度で見終えてしまえます。

　この方法なら、たった30分で1,900語すべてを「見たこ
とがある」単語に変えられます。1日1回でも1週間毎日やれ
ば、1,900語ぜんぶが「7回見たことがある」単語になるわ
けです。あえて覚えようとしなくても、こうして**"見る"だ
けの作業を反復し、回数を重ねるうちに、知っている単語が
驚くほど増えていきます**。

　この方法で**重要なのは、毎日かかさずやること**です。日に
ちをあけずに毎日反復することで、はじめて効果が上がりま
す。これは人間の記憶が保たれる時間の長さ、つまり"忘れ
やすさ"に関係していて、日にちをあけると記憶が定着しづ
らくなってしまいます。ですから、この"1日1冊まるごと見
る暗記法"は、毎日継続することがきわめて重要です。

　同じことを毎日つづけるには、習慣化するのがいちばんです。習慣化するコツは、毎日、決まった時間に固定しておこなうこと。**"寝る前の30分"といったように、日常の生活習慣と絡めて単語の時間を決めるとよいでしょう**。"1日1冊まるごと"が難しければ、分量を減らしても構いません。ただし、毎日つづけてください。クラウドEnglishの生徒たちは、この方法で実際にぐんぐん単語力がアップしています。

☆その4　リーディングは予測で解くべし

　英検®のリーディング問題には、語彙問題（短文の語句の穴埋め）、文脈問題（会話文の穴埋め）、長文問題（穴埋め／選択）がありますが、このなかで最も苦労する人が多いのが長文問題です。長い英文を見るだけでひるんでしまったり、一生懸命に読んでいるうちに時間がなくなってしまったりする人も少なくありません。

　そんな長文問題をスラスラ解けるようになるのが、この**「リーディングは予測で解くべし」**という裏技です。どんな裏技なのか、例を挙げて説明しましょう。

Let's try!

タイトルから、内容の予測をしてみよう

タイトル "Human Brains and Memory"
どんな内容がかかれていそうか？
皆でブレインストーミング！

　　まず、長文のタイトルだけを見て、文章全体の内容を予測します。この例は「Human Brains and Memory」というタイトルですから、"人間の脳"と"記憶"の関係について書かれていると予測できます。この時点では、それだけ予測できればじゅうぶんです。つぎに、第一段落の文章を見てみましょう。

文章をかくにんしよう！

Memory is one of the most mysterious functions in the brain. In recent years, however, scientists have been rapidly advancing their research about it. One interesting aspect they have found is the possibility for memory to be overwritten. In the past, scientists used to believe that memory was fixed and unchangeable, but recent research has shown that human memories can be changed and overwritten by new information. One study suggests that

> memory can even be deluded, reorganized, and recreated intentionally.

　ふつうに考えると、この文章全体を読まなくては内容を理解できませんね。では、つぎのようにするとどうでしょう？

文章をかくにんしよう！　　3分 ⧗

Memory is one of the most **mysterious** functions in the brain. In recent years, however, scientists have been rapidly advancing their research about it. One interesting aspect they have found is the possibility for **memory** to be **overwritten**. In the past, scientists used to believe that memory was fixed and unchangeable, but recent research has shown that human **memories** can be **changed** and **overwritten** by new information. One study suggests that memory can even be deluded, reorganized, and recreated intentionally.

　長文のタイトルは非常に重要なので、そのタイトルに含まれる「memory」は重要単語。これはその「memory」と、「memory」を受ける表現だけを強調表示したものです。では、強調表示した部分を確認してみましょう。

「Memory … mysterious」→「記憶…ミステリアス」
「memory … overwritten」→「記憶…上書きされる」

「memories … changed … overwritten」→「記憶…変わる
…上書きされる」

　これだけ理解できれば、この段落の内容は「記憶が上書き
される話」というひとことでまとめられることがわかります。
ではつぎに、この第一段落に関する質問と、その選択肢を見
てみましょう。

Let's try!

Question

What has recent research revealed?

Let's try!

Question

1. The functions in the brain are more mysterious than
   scientists used to think.
2. Memory is changeable and can be replaced by new
   memories.
3. Physical exercises help people retain more memories.
4. Recent scientists are more interested in human brains
   than previous researchers.

　質問は単に、この段落の内容を問うているだけです。選択肢はこうして見ると難しそうですが、先ほどと同じように、各選択肢のなかで重要な単語だけを強調表示してみましょう。

Let's try!

Question

1. The functions in the **brain** are more **mysterious** than scientists used to think.
2. **Memory** is **changeable** and can be **replaced** by **new memories**.
3. Physical **exercises** help people **retain** more **memories**.
4. Recent **scientists** are more **interested** in human **brains** than previous researchers.

　強調表示した部分だけを確認すると、つぎのようになります。

1. 「brain … mysterious」→「脳…ミステリアス」

2. 「Memory … changeable … replaced … new memories」→「記憶…変わる…置き換えられる…新しい記憶」

3. 「exercises … retain … memories」→「運動…保持する…記憶」

4. 「scientists … interested … brains」→「科学者…興味がある…脳」

さて、いかがでしょう？　先ほど、第一段落の内容をまとめると「記憶が上書きされる話」となりました。それに最もあてはまる選択肢は……そう、2番ですね。この問題は2番が正解です。

　この正解を導き出すのに、文章を最初から最後まで読んだわけではありません。文法を使ったり、一文ずつ和訳したりもしていません。それでも正解できるのです。しかも、文章全体を読むよりも大幅に短い時間で正解できます。

　この例では重要単語をあらかじめ強調表示したものをご覧いただきましたが、実際に自分で長文問題を解く場合には、つぎの手順で進めるとよいでしょう。

①タイトルの単語から本文の内容を予測する。
②質問文の名詞と動詞を確認する。
③本文のなかで①と②の単語をチェックする。
**　この段階で、質問に対する答えを予測する。**
④質問の選択肢を見る。

　このようにして、まず文章の内容を予測し、質問で「何を聞かれているか」を把握して、本文中で読むべき箇所を探すことで、長文問題にかける時間を大幅に短縮しつつ、正答率を高めることができます。

　クラウドEnglishの授業では、こうした方法を指導しながら、**「選択問題では本文にない情報が入っている選択肢は不正解」**といったような判断のコツも伝授しています。

☆カスタマイズ勉強法【リーディング編】

　みなさんも、このリーディングの裏技にぜひチャレンジしてみてください。教材は英語の雑誌やウェブサイトなどでも構いませんが、使いやすいのはやはり和訳や解説が付いている英検®の過去問題です。

　上記の手順①〜④と同じように、まずはタイトルだけを見て内容を予測し、質問文の名詞と動詞を確認したうえで、その単語を本文中でチェックします。それから質問の選択肢を見ると、正解を見つけるのが簡単に感じられて驚くのではないでしょうか。

　「タイトルから内容を予測する」「重要単語を見つける」という訓練をするだけでも長文問題がぐんと解きやすくなりますので、ぜひ自宅学習にもこの裏技を取り入れてみてください。

☆その5　リスニングはシャドーイングで鍛えるべし

　リスニングの裏技は、なんと言ってもシャドーイングです。クラウドEnglishの授業でも、英検®の過去問題に加えてシ

ャドーイングをおこなっています。

　リスニングは"聞きとり"なのに、なぜ自分が声を出すシャドーイングがリスニングの裏技なのか？　と疑問に思うかもしれませんが、**人が聞きとれる音声の速さは自分で話せる速さが限界です**。シャドーイングの訓練をすることで、自然な速さの英語が聞きとれるようになるのです。

　ただ、シャドーイングは難易度の高いトレーニングなので、いきなりシャドーイングに取り組むと挫折しかねません。**まずオーバーラッピングからはじめ、それがスムーズにできるようになったらシャドーイングに移るとよい**でしょう。ですから、ここではオーバーラッピングとシャドーイングの両方について説明します。

☆オーバーラッピング
　オーバーラッピングとは、**英語の音声を聞きながら、同時に英文（スクリプト）を音読するトレーニング**です。前述したとおり、聞きとれる速さの限界は自分が話せる速さです。速く話せるようになれば速い音声を聞きとれるようになるので、オーバーラッピングではその練習をおこないます。

①準備段階として、スクリプトを音読します。クラウド
　Englishの授業では、単語の発音、読む速度、音のつなが

り（リエゾン）、息の使い方を講師が確認し、できていない部分があれば改善のコツを伝えます。

②音声を聞きながら、スクリプトを見て音読（オーバーラッピング）します。クラウドEnglishの授業では、①のときと同じように、講師が確認してフィードバックします。

たったこれだけなのですが、このオーバーラッピングは非常に効果の高い方法です。慣れるのに少し時間がかかるものの、自然な速さの英語に慣れるころにはリスニング力がぐんとアップしています。

まずは音声を聞かずにスクリプトを速読できるようにしてから、リエゾンを重点的に確認し、無理のない分量で練習します。オーバーラッピングが問題なくできるようなら、さらに難易度の高いシャドーイングもおこないます。

☆シャドーイング

シャドーイングでは、英語の音声を聞きながら、同時にその音声を真似て発音していきます。スクリプトを見ずに「聞く」と「話す」を同時におこなうことで、聞こえてくる音声の順序でそのまま意味を理解できるようになります。

①英語の音声を聞きながら、何も見ずにその音声のとおりに発音します。

②クラウドEnglishの授業では、単語の発音、リエゾン、発音できなかった箇所やつまずいた箇所などを講師が確認してフィードバックします。

　シャドーイングも手順はシンプルですが、英語中級者〜上級者のリスニング訓練としては王道ともいえる一般的な方法です。文章が長い場合は途中で区切りながらおこなうこともあります。

　オーバーラッピングとシャドーイングは、自宅学習に組み込みやすいトレーニングなので、クラウドEnglishの生徒のなかには"すきま時間"にうまく取り入れている人も大勢います。音源とスクリプトさえあればいいので、独自の教材がいくらでも無料で手に入りますが、自分に合ったレベルを選ぶことも重要です。クラウドEnglishでは授業内でそうした情報提供のほか、発音やリエゾン、息継ぎなど、上達スピードをアップするさまざまなコツを生徒に合わせてアドバイスしています。

☆カスタマイズ勉強法【リスニング編】

　オーバーラッピングはスクリプトを見る必要がありますが、シャドーイングは音源さえあれば、いつでもどこでも練習できます。いまは防水のデバイスも豊富なので、**お風呂でシャドーイングするのもよいでしょう**。お風呂は声がよく響きま

すから気持ちよく練習できるのではないでしょうか。

　シャドーイングの教材を選ぶ場合は、**レベルが高すぎるものを選ばないよう気をつけましょう**。シャドーイング自体が高度なトレーニングなので、レベルが高いと挫折してしまいます。英検®のリスニング教材だけでなく、自分が聞きたい、真似したいと思えるような、興味のある音源を使うのもおすすめです。ただし、聞き取れない部分の確認は必要なので、**必ずスクリプトのあるものを選ぶようにしましょう**。

　クラウドEnglishの授業では自然な速さで音声を聞きますが、自分で練習する場合には速度を変えてみるのもよいでしょう。デバイスによっては再生速度を自由に変えられるものがあるので、最初は遅めの速度で練習し、徐々に速度を上げていくこともできます。自分の声を録音して確認すると、さらにトレーニングの効果が上がります。

　リスニング力アップのカギは、短時間でも毎日継続することです。ぜひお風呂時間や通学時間など、毎日の"すきま時間"にシャドーイングを取り入れてみてください。

☆その6　ライティングはシンプルに書くべし

　ライティングに関しては、裏技の前に、まず英検®の問題形式とクラウドEnglishの授業について説明しておきましょ

う。

　英検®のライティング問題は、あるトピックについて自分の考えを書くという形式なので、過去問題の数をこなし、さまざまなトピックで論理的な文章を書けるようにする必要があります。

　たとえば、2級ではつぎのような問題が出されます。

People are spending more time on the Internet than they did in the past. Do you think people should limit their screen time?

POINTS
● Mobile devices
● Outdoor activities
● Well-being

　最初の3行がトピックで、「インターネットの利用時間が延びていますが、時間制限が必要だと思いますか？」という内容です。"POINTS" として記載されている語句（モバイル機器、アウトドア活動、心身の健康）を使って、このトピックについて自分の意見を書いていきます。

　クラウドEnglishの授業では、生徒が自分の意見を英語で書いたあと、完成した文章を講師が添削しながら、生徒が

「書きたかった内容」と「書けている内容」のギャップをいっしょに確認し、「構成」「内容」「語彙」「文法」の観点から文章を見直していきます。

　この4つの観点には、さらにこまかい評価項目が設定されています。

　たとえば**「語彙」には「単語の言い換え」という評価項目があり、同じ単語を何度も使いすぎると評価が下がります。**この場合は、講師がどのような単語に言い換えられるかをアドバイスし、生徒は次回から単語の言い換えを意識して文章を書くことで点数アップを図ることができます。

　また、**ライティングで「使える」フレーズをストックしておく**ことで、自分の意見を論理的に書きやすくなるため、添削ではそうしたフレーズを使った文章の組み立て方なども講師からアドバイスします。

《「使える」フレーズの例》
冒頭に使える表現："Although some people say that 〜, I think…"（〜と言う人たちがいるが、わたしは…と思う）、"In spite of the fact that 〜, I think…"（〜という事実もあるが、わたしは…と思う）
文をつなぐ表現："As a result"（その結果）、"because of /

due to / thanks to 〜"（〜だから）

結論に使える表現：“For these reasons mentioned above"
（上記の理由により）

　こうした添削を踏まえて同じ問題をやり直し、ライティングのレベルアップを図っていくのが、クラウドEnglishのライティングの授業となります。

　さて、実はクラウドEnglishには、こうした授業と英検®の分析・研究を通して見えてきた"ライティングの必勝パターン"があります。それがライティングの裏技、「シンプルに書くべし」です。この裏技は授業のなかでも指導していますが、ぜひ自宅学習でも意識して取り組んでいただきたいので、つぎの「カスタマイズ勉強法」にまとめることにします。

☆カスタマイズ勉強法【ライティング編】

　どういうわけか、**ライティングでは誰もが難しい文章を書こうとしてしまいます**。一文が長く、構文が複雑で、難しい単語を多用したような文章です。そうした文章のほうが高得点を取れると考えてのことでしょう。ですが、**それは大きな間違い**です。

　考えてもみてください。英検®は年間400万人が受ける試験です。しかも、**ライティングの採点は手作業です**。採点官

は限られた期間内にひとりで何百本もの英作文を採点するわけですから、解釈に悩むような複雑で読みにくい表現は減点対象になりかねません。そもそも、**難しい文法や複雑な単語・表現を使おうとするとミスが増えますし、一文を長くしようとした場合もミスは多くなります**。

　英検®のライティングは、**いかにミスを減らすかが勝負**です。ミスのないシンプルな文章を書くことが最重要。シンプルな文章というのは、一文が短い文章、簡単な表現で書かれた文章、わかりやすい文章です。小学生の英語初心者でもわかるように書くのが理想です。

　裏技7か条の「その2」に書いたとおり、ライティングは得点1点あたりのCSEスコアが非常に大きい技能。いい文章を書かなければと難しく考えすぎると、余計な時間がかかるうえにミスも増えて、減点がCSEスコアに大きく響いてしまいます。ライティングはシンプルに。普段の練習から、ぜひその意識を持ってライティングに取り組んでください。

☆その7　スピーキングは「つなげる」発想を強化すべし

　英語のスピーキングというと、自由に会話するイメージが一般的かもしれませんが、英検®のスピーキングテストは少し違っています。出題形式がいくつかあり、級によってどの形式の問題が出るかが異なります。

ここではまず、準1級の「イラスト問題」の対策をクラウドEnglishの授業でどのようにおこなっているかを紹介しましょう。

　準1級のイラスト問題では、短い文章説明を読み、4コマのイラストを見て、そのイラストにナレーションをつけていきます。

You have **one minute** to prepare.

This is a story about two boys.
You have **two minutes** to narrate the story.

Your story should begin with the following sentence:
One day, two boys were walking on the street.

イラスト：カワグチマサミ　出典：クラウドEnglish

　クラウドEnglishの授業では、実際の英検®の試験と同じように、まず生徒が文章説明とイラストを見て、回答の準備をします。この例の場合、サッカーをしに行った少年たちが、財布を拾い、それを交番に届けたので、落とし主からお金がもらえると思いきや……といった展開のイラストなので、それを英語でどのようにナレーションするかを考えます。

　つぎに、制限時間内で生徒が回答（ナレーション）します。生徒が英語で4コマのストーリーにナレーションをつけているあいだ、講師はそれをタイピングして文字に起こします。4コマ全部のナレーションが終わったあと、1コマ目から添削・振り返りをおこないます。

　講師が文字起こしした文章とイラストを見比べながら、正しい文法が使えたか、ナレーションに飛躍がないか、時制をそろえられたか、正しく発音できたか、といった評価項目を確認していきます。また、**イラストから読み取れることをディスカッションしたり、登場人物の行動や表情に注目して文章を作る練習をしたり**といったこともおこないます。

　以上がナレーションの訓練ですが、英検®のイラスト問題はこれで終わりではありません。ナレーションのあとに、イラストに関連して「あなたは○○についてどう思いますか？」という質問が出されます。これは自分自身の意見と、そう考

える理由を述べなくてはいけない質問です。

　この質問では、賛成／反対の意見は言えても、理由を考えて悩んでしまう人が大勢います。そこで役に立つのがスピーキングの裏技、**「つなげる」発想**です。これは、「もしそうだったら、どんないいこと（悪いこと）があるか」を考え、そこからさらに「どんないいこと（悪いこと）があるか」とアイデアをつなげていく方法です。

　実は、これはスピーキングだけでなく、ライティングにも非常に役立つ方法です。ライティングでも「○○についてどう思いますか？」という質問に対して、理由を3つ挙げながら自分の意見を書かなくてはいけない場合に苦戦することがよくあるからです。理由、理由……と難しく考えてアイデアが思い浮かばない、難しい理由を考えると英語にできない、といった具合です。

　では、「つなげる」発想はどのように役立つのでしょうか。

　たとえば、「在宅ワークについてどう思いますか？」と質問されたとしましょう。この場合、一例として、つぎのようにアイデアをつなげていくことができます。

「家で仕事をすると、どんないいことがあるか」

↓

「通勤時間がなくなる」

↓

「通勤時間がなくなると、どんないいことがあるか」

↓

「ほかのことができる」

↓

「ほかのことができると、どんないいことがあるか」

↓

「本を読んだり勉強したりできる」

　あるいは、別の方向にアイデアをつなげていくこともできます。

「家で仕事をすると、どんな悪いことがあるか」

↓

「体を動かさなくなる」

↓

「体を動かさなくなると、どんな悪いことがあるか」

↓

「健康状態が悪化する」

↓

「健康状態が悪化すると、どんな悪いことがあるか」

↓

「病気になって仕事ができなくなる」

　このように「どんないいこと（悪いこと）があるか」でつなげていくと、どんどんテーマを深掘りして簡単にアイデアを出すことができます。

　「どう思いますか？」というタイプの質問については、**いかにしてアイデアを出していくかが最大のポイント**。難しく考えすぎず、シンプルに発想をつなげていくことが大事です。この裏技の方法なら理由を挙げるのに苦労する必要もなく、英語にするのも簡単です。

☆カスタマイズ勉強法【スピーキング編】

　ここで紹介したのは準1級の過去問題ですが、イラスト問題は2級や準2級でも出題されます。難易度の違いこそあれ、イラストを見て誰が何をしているかを説明するという点は同じです。この練習には、もちろん英検®の過去問題を使っても構いませんが、"すきま時間"を活用して練習することもできます。

　たとえば、**通学中に目にはいった情景を英語で描写してみてもいいでしょうし、自分の部屋で机の上に何があるかを説明するのもいい**でしょう。練習する際には、その都度、気をつけるポイントを意識すると効果的です。今回は三単現のS

を間違えないように言ってみよう、時制に気をつけて練習しよう、といった具合です。**スマートフォンの録音機能などを使って自分の声を録音**すれば、発音や意識したポイントを自分で確認できるので、ぜひその方法も試してみてください。

また、「○○についてどう思いますか?」という質問に関しては、ニュースやSNSなどで見た内容をテーマにして、自分がそれについてどう思うかを英語で表現する練習をしてみましょう。そしてもちろん、アイデアを出すときには裏技の「つなげる」発想を使ってください。練習段階で「どんないいことがあるか」をつなげる思考回路が頭のなかにできてしまえば、英検®本番でも自分の意見と理由をスムーズに答えられるはずです。

第5章

なぜクラウド English には優秀な講師が集まるのか

クラウドEnglishの 「生徒を勝たせる」講師たち

　第4章で紹介した授業内容からもわかるとおり、クラウドEnglishではテキストを使った講義は一切おこないませんし、問題集も使いません。超実践的・超アウトプット型の授業で、いきなり英検®の過去問題に取り組みます。

　過去問題が全問正解ならそもそも塾で学ぶ必要はありませんから、いきなり問題を解いて間違えるのはあたりまえです。間違えることは、怖いことでも恥ずかしいことでもありません。むしろ、生徒の間違いはクラウドEnglishの講師にとって"ありがたいこと"ですらあります。というのも、生徒が何をどのように間違えたかを見て、講師は生徒が合格するために何が必要かを判断することができるからです。

　講師が生徒の"現在地"を把握し、ゴールまでのギャップを埋める学習計画をどんどんアップデートして、生徒の日々の勉強に即座に反映していく。何をどれだけ勉強すればいいかを示し、数値化と分単位の学習管理を通して生徒が主体的にそれを実行できるようサポートする。この徹底したコーチングこそが、クラウドEnglishの「生徒を勝たせる」戦略です。

　クラウドEnglishがこのような戦略を実践して確実に成果を上げているのは、きわめて優れた講師がそろっているからにほかなりません。講師が英検®の問題をわかりやすく的確に解説できるのは当然ですが、クラウドEnglishの講師にはさらに、英検®の問題を完璧に理解・分析したうえで、生徒ひとりひとりの"現在地"を正確に把握し、ゴールまでの道を具体的に示せる力量が求められます。

　そして何より、生徒が間違いを怖れずチャレンジし、自分の成長を実感しながら目標を達成できるように、とことん生徒に寄り添える講師でなくてはなりません。つまり、「できる！を気づかせ、思いを叶える」をほんとうに実践できる講師です。クラウドEnglishでは、こうした点を重視して講師の募集や採用・研修をおこない、優秀な講師を確保したうえで、さらに講師の質を高める努力を継続しています。

　クラウドEnglishが講師を募集する場合、応募者に求める条件はふたつです。まず、**最低でも英検®準1級を取得していること**。そして、**人をサポートするのが好きだということ**。この「サポートが好き」という点を講師募集の段階から前面に打ち出すほど重視しているのは、クラウドEnglishが本気で生徒と向き合い、生徒の夢や目標の実現をサポートしている塾だからです。

さて、このような条件で講師を募集すると、毎回驚くほど多くの応募があります。クラウドEnglishは完全オンラインの塾なので、講師も教室に通勤する必要がありません。**ネットに安定的に接続できさえすれば、通勤時間ゼロで日本全国どこからでも授業をおこなうことができます**。地理的な制約がまったくないうえ、家庭の事情やコロナ禍のような状況で外出が難しくても在宅で働けるため、英検®準1級以上の英語力がある限られた人材を多く集めることができるわけです。

　2022年に講師を募集した際には約700人（もちろん全員が英検®準1級以上の取得者です）もの応募がありましたが、これだけ多くの応募者のなかから講師を選考できるのも、完全オンライン塾のクラウドEnglishならではの強みです。

　また、講師になる人のなかにはクラウドEnglishの元生徒もいます。地方の高校生で、自分は近場の大学へ進学して地元で一生すごすんだろうな、と思っていたような生徒が、クラウドEnglishに入塾して英検®を取得したことで、早慶やGMARCHなど首都圏の難関大学に合格し、講師としてクラウドEnglishに戻ってくるといったケースもあります。「英検®が人生を変える」ことをクラウドEnglishで身をもって経験した講師が、今度は生徒の英検®合格と夢をサポートする。こうした好循環も、クラウドEnglishが優秀な講師を確保できる要因のひとつになっています。

❖ なぜ講師に「挫折経験」を求めるのか

　講師の採用・研修手順については後述するとして、ここではクラウドEnglishが講師に求める「挫折経験」について説明しましょう。

　第3章の冒頭で書いたとおり、クラウドEnglishのメンバーに挫折を経験したことのない者はいません。もちろん挫折の中身はひとりひとり異なりますが、すべての講師が英検®準1級以上を取得するまでに何らかの苦労を経験しています。これは決して偶然ではありません。**クラウドEnglishでは、あえて挫折経験のある講師を選んで採用している**のです。

　逆に言えば、環境要因のみで準1級以上を取得した応募者は採用しないということです。たとえば、親の仕事の関係で英語圏に長く暮らし、自然と英語が身について、特に英検®の勉強はしなかったのに受験したら合格したというような場合、どんなに英語ができてもクラウドEnglishの講師にはなれません。

　英検®準1級以上を取得するまでに何らかの壁にぶつかり、苦労しながらも自分で努力し、自分の決めたことをやりとげた人。挫折を乗り越えて英検®合格という目標を達成したこ

とで、その後の人生がどのように拓けたかを具体的に語れる人。クラウドEnglishの選考を突破し、講師として働いているのは、そういう人たちです。

なぜクラウドEnglishはここまで講師の「挫折経験」にこだわるのでしょうか。それはもちろん、クラウドEnglishがほかのどこよりも生徒に寄り添う塾だからです。

生徒は学校、部活、塾などで忙しい生活のなか、英検®に合格するまで毎日こつこつと勉強を積み重ねる必要があります。3か月の短期間とはいえ、モチベーションが下がり気味になることもあれば、だらけそうになることもあります。勉強を進めるなかで、さまざまな悩みや困りごとが生じることもあります。

そんなとき、英検®の勉強で苦労した経験がない講師だと、生徒に共感して寄り添うのが難しくなってしまいます。講師自身が「できてあたりまえ」というスタンスだったとしたら、生徒は自分の「できない」を突きつけられることになりがちです。よほど負けん気の強い生徒でない限り、「できない」を突きつけられた生徒は自己肯定感が下がります。モチベーションを維持するどころか、それこそ「どうせ無理」という気持ちになって、すっかりやる気をなくしてしまいかねません。

それでは「できる！を気づかせる」というクラウドＥｎｇｌｉｓｈの理念とは真逆になってしまいます。だからこそ、クラウドＥｎｇｌｉｓｈは講師を採用する際に、挫折経験のある人をわざわざ選んでいるのです。自分が苦労した経験があってこそ、講師は生徒に共感し、とことん寄り添うことができると考えるからです。

❖ 講師の求人から採用・研修まで

単に英検®の勉強を教えられるだけでなく、生徒の「できる！」を創り出せる講師を確保するために、クラウドＥｎｇｌｉｓｈでは徹底した採用・研修体制を整えています。

求人に関しては前述のとおり、「英検®準1級以上の取得者」「人をサポートするのが好き」という条件で応募者を募ります。応募者は、まずアンケート形式のフォームに志望動機や学習経歴などの必要事項を記入して応募します。その後、次ページの手順で選考と採用・研修が進められます。

この手順からわかるとおり、講師の本採用まではかなり長い道のりとなっています。①の書類審査に合格した応募者が②の採用面接に進むところは一般的な塾と同じですが、採用

・‥・ 「クラウドEnglish」の講師採用手順

①書類審査

↓

②採用面接

↓

③仮採用

↓

④理念研修

↓

⑤事務研修

↓

⑥ロールプレイ研修

↓

⑦本採用

↓

⑧講師デビュー後の授業のフィードバック
＋
定期的な指導内容チェックと評価

面接では応募者に"模擬授業"をしてもらい、クラウド Englishが求める水準の授業を実際におこなう能力があるか どうかを厳正に審査します。

　この採用面接に合格すると"仮採用"となりますが、ここ から本採用までにはまだいくつもステップがあります。特に クラウドEnglishの採用手順で特徴的なのが、④の理念研修 です。

☆**理念研修を重視するワケ**

　理念研修というのは通常、企業が経営理念を会社全体に浸 透させるために、正社員向けに実施するものです。企業の理 念を社員全員が共有することで、その企業の社員としての行 動基準や価値観が明確になり、同じベクトルを向いて業務を 遂行することが可能になって、会社に対する帰属意識も生ま れます。ですが、そういった理念研修を塾が講師に対して実 施しているケースはまずありません。

　クラウドEnglishが講師に対して、しかも本採用前に理念 研修をおこなっているのは、クラウドEnglishがどこよりも 生徒に寄り添い、「できる！を気づかせ、思いを叶える」を 理念としている塾だから、そして、どこよりも講師が理念を 体現する塾だからです。

生徒に接するのは講師です。その講師が誰よりもこの理念を体現することが何より重要と考えるからこそ、クラウドEnglishでは本採用前に理念研修をおこない、さらに事務研修とロールプレイ研修を実施して、ほんとうに生徒に寄り添った質の高い授業をおこなえる講師だけを本採用しているのです。

☆講師デビュー後の終わりなきレベルアップ

　さて、こうした研修を経て本採用されると、ようやく講師デビューとなるわけですが、最初の数回の授業は必ず講師リーダーが確認し、指導のしかたや生徒とのコミュニケーションなどをこまかくチェックして新人講師にフィードバックします。もちろん講師はフィードバックを活かして、授業の質を高めることが求められます。

　実は、この点についても講師の選考段階であらかじめ資質の見極めをおこなっており、「**講師として成長しつづけられる人物かどうか**」を採用面接で審査しています。

　成長は学びであり、学びには開かれた姿勢が必要です。どんなに自分が自信を持っていることでも決して慢心せずに、他者の意見に耳を傾けて自身の向上に活かしていく姿勢がなければ成長は望めません。ですからクラウドEnglishでは、自分に対する指摘やアドバイスを素直に受け止め、その改善

に真摯に取り組む姿勢があるかどうかを重視して、講師の選考をおこなっています。

また、どんなに優れた講師にも改善すべき点はありますし、クラウドEnglishではつねに講師のスキル向上をめざしています。そのため、講師デビュー後も定期的に講師リーダー／サブリーダーが授業内容をチェックし、クラウドEnglish内の評価基準に照らして講師を評価しています。

さらに、各講師の評価を生徒の合格実績などのデータと照らし合わせて分析することで、授業の形態・内容から指導・コーチング方法まで、あらゆる面を随時アップデートして、英検®の超・スピード合格の効率性と確実性を向上させています。

✤ 講師から運営スタッフへ！ クラウドEnglishの強み

ここまでクラウドEnglishの講師について書いてきましたが、なかには"講師で終わらない"講師もいます。

英検®準1級以上を取得したり難関大学に合格したりする

までの過程で、どの講師もそれぞれ何らかの苦労を経験し、自分の努力で壁を乗り越えてきたことはすでに述べたとおりです。その経験があるからこそ、クラウドEnglishの理念に共感し、生徒にも「できる！」に気づいてもらいたい、自分の苦労した経験を生徒に還元したいという熱い思いを持って指導にあたれるわけですが、クラウドEnglishにはそうした優れた講師としての能力にとどまらず、それ以外にも突出した能力を持っている講師が少なくありません。

　毎年、大学生の「就職人気企業ランキング」が発表されているのはご存じでしょう。ランキングの上位を占める企業は時代の流れによって変化しますが、特に難関大学に絞って調査した近年のランキングを見ると、総合商社、コンサルティング会社、IT企業、メガバンクなどの企業が上位に名を連ねています。

　クラウドEnglishで働く講師のなかには現役大学生も多く、大学卒業後はそうした企業に就職していく学生がかなりの数にのぼります。それだけ優秀な人材が集まっているということですが、講師のなかには「日本の教育を変えたい」というクラウドEnglishの思いに自分自身の夢と未来を重ね、クラウドEnglishの運営スタッフに加わる者もいます。

　人気ランキング上位の一流企業に就職してグローバルに活

躍できる能力のある人材が、そうした企業に就職する代わりにクラウドＥｎｇｌｉｓｈで運営スタッフとして働きつづける道を選択する。**主体的に考え、課題を特定して戦略的に分析し、最適な解を導き出して行動できる人材が、それぞれの得意な分野でクラウドＥｎｇｌｉｓｈの運営に貢献する**。この構造が、クラウドＥｎｇｌｉｓｈの大きな強みとなっています。

なぜ優秀な人材が一流企業ではなくクラウドＥｎｇｌｉｓｈを選ぶのか。それは、もちろんクラウドＥｎｇｌｉｓｈの理念に対する共感が大きいからですが、少子化が進み経済が停滞する日本のなかで、**自信のない子供・若者を量産している教育を変えていかなければ日本に未来はないという切迫した危機感**が、その共感の根底にあるからです。そして、このきわめて重要な教育分野で、みずから考え、行動し、ほんとうに必要な仕事をすることに、大きなやりがいを見いだしているからです。

こうしたことを踏まえ、次章ではクラウドＥｎｇｌｉｓｈの塾長を務めるわたし自身の経験と、クラウドＥｎｇｌｉｓｈが考える日本の未来について述べたいと思います。

第6章

クラウドEnglishが
めざす未来

この最終章では、クラウドEnglishが究極的に何をめざしているのかを書いて本書の締めくくりにしたいと思います。そのためにまず、わたし自身がどういう経験を通してクラウドEnglishを開設するにいたったかという話からはじめることにしましょう。

❖ アメリカでの学校生活

富山県で生まれたわたしは、幼いころは引っ込み思案で泣いてばかりいました。ひどい人見知りで、幼稚園に通うのも怖かったのを覚えています。とにかく人と関わること自体が嫌いで、ほとんど人とコミュニケーションをとっていませんでした。幼稚園の年長のときに父が転勤になり、家族でアメリカのオハイオ州へ引っ越したのですが、わたしはそんな状態だったので、ろくに日本語も話せないままアメリカ生活をはじめることになりました。

わたしが泣いてばかりだったのはアメリカの現地校でも変わりませんでした。ところが、まわりの環境は日本とはまったく違っていたのです。少人数のクラスだったこともあり、泣いていても大勢から注目されることはありません。泣いていてもいい、ここにいていい、泣いている自分も認めてもら

える。そう感じられる環境のなかで、好奇心旺盛なまわりの子たちが寄ってきて、話しかけてくれる。そのおかげで、わたしはしだいに人と話せるようになりました。その後、人と話すこと、人とコミュニケーションをとることが、わたしの人生を大きく動かすことになるのですが、すべての原点は幼少期に経験した、あの教室の環境だったと思います。

アメリカの小学校では低学年でも自分でレモネードスタンドを開いて"経営"したり、物品を販売したり、とにかく自分がやりたいことをどんどんやる子たちが大勢いて、わたしはまだコミュニケーションが苦手ながらも、そういう子たちに憧れを抱いていました。

そんなわたしが自分から行動を起こすようになったのが、小学校中学年になったころ。学校内には優秀な生徒だけが通えるクラスというのがあり、ルービックキューブを超高速でそろえる大会が開催されたり、プログラミングをやっている子がいたりして、ものすごくおもしろそうだったので、そのクラスに入りたいと思うようになりました。でも、そのためにはテストに受からなくてはなりません。そこで、わたしは生まれてはじめて努力をしました。必死の努力です。その甲斐あって無事そのクラスに入れることになったのですが、通いはじめてみて驚きました。思っていた以上におもしろいクラスだったのです。

学校内でそのクラスの教室だけ黒板がなく、自分の机もありません。代わりに丸テーブルがいくつかあり、生徒は4人ひと組になって好きな席にすわります。**授業がはじまると、先生はテーマをひとつ出して、教室を出ていってしまいます。**テーマというのは、たとえば9.11の同時多発テロやオリンピック、オバマ大統領の就任など。そういった社会情勢について、小学校3、4年生の生徒たちが班ごとに話し合うのです。

いちばんおもしろかったのは、わたしが日本人ということで、第二次世界大戦がテーマになったとき。「日本とアメリカが戦ったけれど、ほんとうに日本は悪い国だったのか」について研究し、わたしが発表する役目を仰せつかりました。

最初のころは、こうした話し合いにはとても苦労しました。英語力はまわりの生徒たちと同レベルだったものの、さまざまな分野の問題について自分の意見を言ったり、班やクラス全体で話し合って意見をまとめたりするのが難しかったのです。それでも徐々に、本格的に話すことが楽しいと感じられるようになり、人とコミュニケーションをとるのが好きになっていきました。

こうしてアメリカの自由な環境ですごした期間は小学校5年生までの6年間。日本に帰国し、生まれ故郷の富山で日本の学校生活をはじめてから、いくつもの挫折を経験すること

になります。

ꞏ•ꞏ 日本での学校生活

　日本の公立小学校6年生に編入後、アメリカからの帰国子女で英語ができるということもあり、ちやほやされてリーダーの役割も自然に担うようになりました。そして、アメリカ生活で自信がついていたからでしょうか、無謀にも中学受験をしたいと思い立ちます。日本の教育課程で勉強してきていないので国語も算数もわからない。偏差値はせいぜい30台。それでも中学受験に挑戦したくて、小学1年生から6年生までの勉強を1年かけて詰めこみました。最終的に偏差値は倍以上に上がったものの、受験結果は不合格。人生ではじめての大きな挫折でした。

　中学受験失敗のくやしさから、進学した公立中学ではつねに上位の成績をキープしようと決めて努力しました。富山では帰国子女が珍しかったこともあって、相変わらずまわりはちやほやしてくれましたが、この時期のわたしは心のなかで、日本の中学校の圧倒的なつまらなさに絶望していました。自由なアメリカの教育と日本の管理主義的な教育とのギャップがあまりにも大きかったのです。

まず、日本の学校はとにかく"縛り"が多すぎる。強制的に単元を区切って一斉におこなうテストにしても、こまかい決まりのある校則にしても、学校生活のなかに「やらなければいけないこと」と「やってはいけないこと」の縛りが多すぎて、逆に「やりたいこと」が少なすぎるのです。目に見えない小さな縛りもたくさんあって、そのうえ同調圧力まである。そういう環境が苦痛で、学校に嫌気がさしていました。

　そしてもうひとつ、これはもっと本質的なことですが、授業がどうしようもなくつまらなかったのです。先生がひとりでずっと、ひたすら話しつづける授業。生徒は黙って聴き、ノートをとりつづける授業。これはもう、絶望的につまらない。学校に通う意味がないとさえ思ったほどです。

　それでもなんとか上位の成績を維持していたわたしは、中学卒業後、富山県トップの公立高校に進学し、また新たな苦難に遭遇します。そこは地方の公立進学校のご多分にもれず、「生徒は全員、東京大学へ行きなさい」というような高校で、入学2日目から山で勉強合宿がありました。学校生活は勉強漬けの毎日で、進路の選択肢は東大か京大しか与えられない。その環境に疑問を抱きつつ、とんでもない量の勉強をやらされる日々。その効果はてきめんでした。わたしは勉強が嫌いになり、成績も下がってしまったのです。そしてもうひとつ、人生最大ともいうべき挫折がわたしを待ち構えていました。

❖ 英検®での挫折と再起

　わたしはアメリカにいた小学4年生のときに、英検®2級に合格していました。日本語より英語のほうが得意だったくらいですから当然といえば当然で、アメリカにいるうちに準1級までとればよかったのですが、当時はまだ大学中級レベルの英検®準1級を小学生が取得するような時代ではありませんでしたから、2級に合格して満足してしまいました。

　準1級をはじめて受けたのは高校1年生のとき。そしてなんと、一度ならず二度までも、一次試験で落ちてしまったのです。これは大ショックでした。まわりには準1級に受かる友人が増えつつあるなか、自分は受からない。日本に帰国してからつねに英語では誰にも負けなかったのに、「英語ができる自分」というアイデンティティが崩壊してしまいました。それまで自分の最大の武器だった英語。その武器をなくしてしまった。もう終わりだと思いました。

　けれども、人生最大の挫折に呆然自失だったわたしに、そのあと起死回生の転機が訪れます。

　通っていた高校から紹介される大学のオープンキャンパスは東大や京大のみ。でも、そもそも高校のそういうありかた

に疑問を持っていたわたしは、ほかの大学も何校か見に行ってみました。そのなかで、とてつもなく大きな魅力を感じたのが、学びも入試制度も圧倒的に自由度の高い早稲田大学でした。大学入試は勉強だけじゃない。何かひとつ自分に強みがあれば、それを活かして早稲田に行ける。自分の得意分野を追求できる──。勉強漬けの高校で、国立大学をめざして全科目の成績を上げなくてはいけない、受験学部は成績に照らして選択するしかない、という決まりきった思考にがんじがらめにされていたのが、一気に解放された瞬間でした。

　自分が行きたい大学は早稲田しかない。そう目標を定め、どうすれば早稲田に受かるのかを調査・分析し、自分の強みひとつで本気の挑戦をすればほんとうに早稲田に行けると確信したとき、わたしの心は決まりました。英語という自分の武器を取り戻そう、その武器に磨きをかけよう、と決めたのです。

　まずは英検®準1級への再挑戦です。落ちた2回はあまり勉強せずに受験したので、その2回分の問題をすべて分析し、課題点を洗い出して研究しました。このときの勉強で、たとえばスピーキングの模範解答を踏まえて話しかたを工夫したり、効率的な単語の覚えかたを研究したりしたことが、のちにクラウドEnglishで英検®攻略メソッドを開発する際の原型となりました。

そうした勉強の結果、スムーズに英検®準1級に合格し、TOEFL®でも英検®1級相当のスコアを取得しました。そこで再度、自分の最大の強みは何だろうと考えたとき、頭に浮かんだのはアメリカで過ごした6年間でした。あんなに人見知りだったのに話すのが好きになり、あの教室でコミュニケーション力が鍛えられ、自分の考えを発信するのが楽しくなった経験。自分の強みは話すこと、"スピーチ"だと思いました。そこで、その強みに磨きをかけるべく、英語のスピーチコンテストに参加することにしたのです。

高校1年生で初挑戦したコンテストでは、全国から約300人の高校生が参加するなか、全国大会に進出する8人のひとりに選ばれたまではよかったのですが、はじめて接する都会の人たちや全国大会という大舞台に圧倒され、緊張のあまり頭が真っ白になってしまいました。せっかく自分で考えて原稿を書き、練習を重ねたスピーチなのに、ステージ上で台詞をまったく思い出せない。それでも黙っているわけにはいきません。しかたなく完全なアドリブでなんとかその場を乗り切りました。

結果は惨敗。賞はまったくとれず、くやしくてたまりませんでした。審査員の講評でもダメ出しされるだけだろうと思っていたところ、驚いたことに、「全国大会の舞台で、アドリブでこれだけ話せるなんてすごい」と褒めてくれた人がい

たのです。そんなふうに言ってもらえたことで、「もしかしたら、ほんとうに自分のことばには力があるのかもしれない」と思えました。自分の発信力に自信を持つきっかけをつかめた初参加のコンテストは、全国レベルの広い世界を知れたことも相まって、ものすごく大きな経験になりました。

　その後もさまざまな英語スピーチコンテストに参加しつづけ、その集大成として高校2年生のときに挑んだ大会では、審査員満票というかたちで優勝を果たすことができました。それはある大学主催の全国大会で、わたしのスピーチのテーマは「Power of Speech」。話すことでどれほど多くのこと
パワー・オブ・スピーチ
が伝わるか、発信することにどれほど大きな力があるかという、ある意味、わたしの人生のメインテーマについて語ったこのスピーチで優勝できたことは、大きな自信と新たな意欲につながりました。

　ただ、優勝にいたる過程には困難もありました。通っていた学校から自分の努力を否定されていたのです。勉強一辺倒の高校ではスピーチコンテストへの挑戦はまったく理解されず、進路指導でも「成績が落ちてるんだから勉強しなさい」と言われていて、学校にサポートしてもらえない孤独感を深めていました。

　ですが、そんななかでひとりだけ、応援してくれる先生が

いたのです。英語の先生がわたしの挑戦を知り、つきっきりでスピーチを見てくれました。その先生から「もっといろんな大会に出るといいよ」と言ってもらえたことが、わたしにとっては大きなモチベーションになりました。

いまにして思えば、とことん生徒に寄り添い生徒の夢を応援するというクラウドEnglishの理念が生まれた根底には、あのときの先生のおかげで、生徒をサポートすることの重要性やコーチングの効果を心底実感できたことがあったのかもしれません。

◌ 早稲田合格、
　　そしてクラウドEnglishの開設

わたしが受験したのは早稲田大学の社会科学部。この学部では全国自己推薦入試を取り入れていて、これは日本全国の各都道府県からひとりずつを目標として合格させる入試方式です。求める生徒像は、学際性、国際性、主体性があり、勉強だけをしてきた生徒とは違うプラス α の個性を持つ生徒。自分のそれまでの努力と経験から、これなら間違いなく合格できると思いました。

この入試方式では学校の成績も必要だったので、苦手だった勉強にも本気で取り組み、なんとか評定平均値もクリアしました。そして挑んだ入試本番。第一次選考の書類審査は、スピーチコンテストの経験を書いて無事に突破。第二次選考は小論文と面接があり、小論文はふつうに書けたのですが、面接はとにかく緊張しました。それでもスピーチには自信があったので、思いきって面接に挑んだところ、この面接がおもしろい展開になったのです。

　志望動機や自己アピールのあと、「早稲田に入ったら何をがんばりたいですか」と聞かれました。自分のなかでは、英語を活かしていろいろな人のために貢献したいというような内容を準備していたのですが、そのときに口から出たのは「日本の英語教育を本気で変えたい」ということばでした。そこまでの話で日本とアメリカの教育の違いについて語ったりしていせいか、気持ちが盛り上がっていて、思わず出たことばに自分でも驚いてしまいました。

　すると、その瞬間から面接というよりディスカッションになり、面接官の教授と話がどんどん弾んだのです。教授自身も自分はこう思うというような話をいろいろとしてくれて、最終的に面接会場を出るときのわたしは合格を確信していただけでなく、「自分が日本の英語教育を変えなくて誰が変えるんだ」という気持ちにまでなっていました。

　確信が現実になり、晴れて早稲田に入学。英検®準1級の試験で挫折して「もう終わりだ」と心が折れてしまったことも、そこから立て直して挑戦をつづけたことも、すべてがこの成果につながる貴重な経験でした。目標達成の喜びと解放感から、わたしは大学生活を満喫することに夢中になりました。面接で抱いた熱い思いを、しばらく脇に追いやっていたのです。

　気がつくとすでに大学生活は2年目を迎え、そろそろ就職を考える時期にさしかかっていました。自分の将来について思案していたとき、どうしても頭から離れなかったのが、面接で言った自分のことばでした。「英語教育を変えたい」と自分で言ったのに、2年生になってもその目的がまったく果たせていない。ちょうどそのころ、大学で知り合った友人が自分で塾経営をしていたりして、わたしはいよいよ自分が何をすべきかを考えて決断しなければという気持ちになっていきました。

　友人の塾を手伝いながら「英語教育を変える」ための自分の役割を模索するなかで、その塾のある生徒が言ったことばが決断のきっかけになりました。推薦で大学へ行くために学校の成績を上げる勉強をしていた生徒の「英検®だったらがんばりたい」ということば。それが自分の経験——挫折から立ち直って志望大学合格という目標を達成するうえで、英検®

に取り組んだことが大きな一歩になったこと——と重なったとき、雲が晴れるようにはっきりと浮かんだビジョン、それが「英検®取得に特化した塾」です。

　このようにしてはじまったのが、いまのクラウドEnglishです。ゼロからのスタートで、最初は失敗の連続でした。トライ＆エラーを繰り返し、1週間単位、場合によっては数日単位で改善に改善を重ね、生徒のスピード合格という実績を積み上げて、現在のかたちにたどりつきました。ですが、現在のありかたがクラウドEnglishの完成形ではありません。さらに効率的な超・スピード合格に向けて、いまも日々試行錯誤し、あらゆる面でデータ分析と効果測定を積み重ね、改善努力をつづけています。

　もちろん、英検®の超・スピード合格だけで英語教育全体を変えられるわけではありませんが、クラウドEnglishは今後さらに事業を拡大し、必ず日本の英語教育を変えるというビジョンを達成したいと考えています。

✦ クラウドEnglishがめざす未来

　クラウドEnglishの「英語教育を変えたい」というビジョンを実現するために、具体的な方法として考えているのは、まず進学の過程で英検®取得が不可欠な内部進学校に対するアプローチです。

　小学校から中学・高校・大学まで、いわゆるエスカレーター式に進学できるのが内部進学校ですが、進学の条件に英検®の取得を課しているところも少なくありません。英検®を取得していれば大学進学時に学部の選択肢が広がるため、こうした学校では英検®に超・スピード合格できるクラウドEnglishとの提携メリットが大きいと考えています。英検®の勉強に割く時間を短縮することで、生徒にもほかの勉強や活動に時間を使えるというメリットがあります。

　また、内部進学校以外の学校に対しても、カリキュラムの提供や講師派遣など、さまざまな施策を早期に実現し、第3章に書いたように、「やらされる努力」ではなく「やりたい努力」を通して生徒が自分の「できる！」に気づき、自信を持って未来に挑戦できるようにサポートしたいと考えています。

さて、ここまでは「英語」に限定した話ですが、実はクラウドEnglishのビジョンは英語教育の外にまで広がっています。

　そもそも、クラウドEnglishの「できる！を気づかせ、思いを叶える」という理念は、これからの日本を生きる子供・若者が自信を持って社会を生きていけるようにしたいという思いに端を発しています。そして、その根底にあるのは、「日本の未来を明るくしたい」という願いです。

　わたしが海外で出会った同世代の若者たちは、自国に鉄道を敷設したい、独自のアイデアで地球温暖化を解決したいといったスケールの大きな夢を描いていました。荒唐無稽に思えるような夢でも自信を持って語り、その実現に向けて努力していました。ところが日本の同世代はおしなべて自己肯定感が低く、夢を語るどころか「どうせ〇〇できない」という話ばかりで、明るい未来のイメージがまったく持てていないのです。「できない」を突きつける教育に原因があるのは前述したとおりですが、それだけでなく、日本の社会自体にも大きな原因があります。

　わたしが生まれたのは2000年。わたしたちの世代にとって、バブル時代や日本の繁栄は昔話でしかありません。知っているのはリーマンショックで翳る日本経済、東日本大震災、

非正規雇用の増加、貧困層の拡大、いまもつづくコロナ禍、汚職にまみれた東京オリンピック・パラリンピック、元総理大臣の銃撃事件……つまり、生まれてこのかた、ずっと暗い社会を生きているのです。

　そして現在、日本の未来は明るいと思える材料もありません。世界有数の投資家のなかには、止まらない少子高齢化を鑑みて「日本の終わり」を警告する人もいます。経済に目を転ずると、**2000年に世界2位だったひとりあたりGDPが、2021年には世界27位にまで下がっています**。そんななかで、若者たちが未来に明るいイメージを描けないのも無理のない話です。

　この先、日本はもっと貧しくなり、優秀な人材はどんどん海外へ流出し、若い世代が自信を失ったままでは、ほんとうに日本の"終わり"が現実になってしまう――。わたしたちは"逃げ切れる"世代ではありません。暗い未来しか見えない日本で生きていかなくてはならないのです。そう考えると、自分たちが日本の未来を変えるしかありません。

　では、日本の未来を明るくするにはどうすればいいのでしょうか？　日本の未来を明るくするためにクラウドEnglishに何ができるのでしょうか？

この問いに対して、わたしたちが出した答えは「**教育で日本を強くする**」です。

　人口の減少が今後もさらに進むであろうなかで、日本の経済水準の維持・向上を図るには、ふたつの方法があります。まず、前述のように低下しているひとりあたりGDPを高めるために、個人の付加価値を強化すること。そして、税収を確保・拡大するために、海外から日本に人が来る理由を創出することです。

　このふたつの方法を支えるのは、「教育」しかありません。

　ひとつ目の付加価値に関しては、教育の大きな転換が必要です。これまで日本の教育は、「みんなが同じことを同じようにできる」をめざしてきました。最近は主体性評価が導入されるなどの変化も見られますが、基本的に「平均点を上げる」教育、「得意を伸ばすよりも不得意をなくす」教育であることに変わりはありません。

　ですが、「みんな同じ」をめざす教育というのは自己肯定感を下げる教育です。そして、「みんな同じ」では個人の付加価値は低いままです。得意分野を伸ばす教育でなければ、個々の付加価値を高めることはできないのです。

　もともと苦手な科目をがんばっても、得意な生徒との競争で逆転勝利するのはほぼ不可能です。そこに時間とエネルギーを費やすよりも、英検®でも何でもいいから自分の得意なことをひとつ作り、それを活かして大学へ行くなどして付加価値を高めていく必要があります。人口が減少しつづけるなかで日本の経済水準を維持・向上するには、個人の付加価値を向上させて、ひとりあたりGDPを高める以外に方法がありません。そうしなければ、もう日本の経済がもたないのです。

　ふたつ目の税収確保・拡大に関しては、ひとつのベンチマークとして考えられるのが、スイスという国です。スイスは人口約870万人の小国ですが、日本と同じく高齢化が進んでいます。それでもひとりあたりGDPは世界2〜3位のトッププレベルを維持しており、その大きな理由のひとつが「教育」です。

　日本でも著名人が子供を欧米の全寮制学校に留学させるケースが増えてきました。「ボーディングスクール」といわれるこうした学校には、世界中から裕福な家庭の子供が集まり、寮生活をともにしながら自国や産業界の未来を担うための教育を受けています。学業だけでなくコミュニケーション力やリーダーシップ力など、世界を牽引できる人材の育成がおこなわれているのです。

スイスはこうしたボーディングスクールに加え、高等教育のレベルが高いことでも知られています。スイスの人材競争力が5年連続で世界1位というのも、世界中がほしがるような人材の育成に成功していることを証明しています。

　優れた教育を自分の子供に受けさせたいと願うのは、どの国の親も同じです。「教育格差は経済格差」というのも万国共通で、その教育を子供に受けさせられるかどうかは親の経済力しだいです。実際、裕福な親が子供をスイスの学校へ行かせたいと望み、世界各国から裕福な家庭がスイスに集まっています。そしてスイスは税収を確保し、出生率が低くても、高齢化が進んでいても、堅調な経済を維持できているのです。

　さいわい、日本は比較的治安がよく、世界的に見ると教育水準も高いうえに、諸外国と比べて公衆衛生や利便性も行き届いています。現在のアジア圏で、政治・経済・社会が安定し、スイスと同レベルの生活水準を維持できているのは日本だけです。アジア圏でスイスのように教育を"売り"にできる国があるとしたら、それは日本しかありません。

　わが子に海外で優れた教育を受けさせたいと願う裕福な親は、子供がその国に定住することを考えているわけではありません。政治的自由が保障されている治安のよい国で子供に世界水準の教育を受けさせ、将来は自国で、あるいはグロー

バルに活躍してほしいと願っているのです。そして、その優れた教育環境を提供してくれている国には惜しみなく税金を払いたいと考えるでしょう。

すでに日本はアジア諸国から膨大な人数の留学生を受け入れています。わたしが通う早稲田大学をはじめ、日本の大学には何年も前から外国人学生があふれています。小・中学生や高校生の子供を持つ海外の親のなかにも、安全な日本で教育を受けさせたいと考えている人は大勢いますが、現在は需要に対して供給がまったく足りていない状況です。

クラウドEnglishはこうした状況を踏まえ、海外の裕福な親にとって「子供を育てるなら日本」があたりまえになる環境づくり（これには学校の設立も含まれます）に尽力していきたいと考えています。

「できる！を気づかせ、思いを叶える」という理念にもとづいて子供・若者の自信を育み、得意分野を伸ばして個々の日本人の付加価値を高めること。海外から日本へ優れた教育を受けに来る人を増やすこと。経済水準を維持・向上するために、このふたつを通して「教育で日本を強くする」というビジョンを実現し、日本を明るくすることこそが、クラウドEnglishのめざす未来であり、クラウドEnglishのミッションです。

〈著者プロフィール〉
相佐優斗（あいさ・ゆうと）
クラウドEnglish塾長。2000年、富山県生まれ。早稲田大学社会科学部在学。幼少期、親の転勤によりアメリカ・オハイオ州に6年間滞在。英検®取得後、TOEFL®95点を取得。英語資格を活かし早稲田大学社会科学部に合格。また、高校時代、全国スピーチコンテストで優勝。その後、自身の英検®・受験にまつわる経験を通して、全国の生徒に高いレベルの教育を届けたいとの思いから、大学2年生時、英検®特化塾クラウドEnglishを創業。

3か月で英検®準1級をとる！

2023年3月15日　第1刷発行
2024年4月25日　第4刷発行

著　者　相佐優斗
発行人　見城　徹
編集人　福島広司
編集者　片野貴司

GENTOSHA

発行所　株式会社 幻冬舎
　　　　〒151-0051 東京都渋谷区千駄ヶ谷4-9-7
電話　03(5411)6211(編集)
　　　　03(5411)6222(営業)
公式HP：https://www.gentosha.co.jp/
印刷所　株式会社 光邦
製本所　近代美術株式会社

検印廃止

万一、落丁乱丁のある場合は送料小社負担でお取替致します。小社宛にお送り下さい。本書の一部あるいは全部を無断で複写複製することは、法律で認められた場合を除き、著作権の侵害となります。定価はカバーに表示してあります。

© YUTO AISA, GENTOSHA 2023
Printed in Japan
ISBN978-4-344-04079-3　C0082

この本に関するご意見・ご感想は、
下記アンケートフォームからお寄せください。
https://www.gentosha.co.jp/e/

英検®は、公益財団法人 日本英語検定協会の登録商標です。
このコンテンツは、公益財団法人 日本英語検定協会の承認や推奨、その他の検討を受けたものではありません。